PREVIDÊNCIA PARTICULAR
A NOVA APOSENTADORIA

MARCOS SILVESTRE

PREVIDÊNCIA PARTICULAR

A NOVA APOSENTADORIA

COPYRIGHT © 2017, BY MARCOS SILVESTRE
COPYRIGHT © FARO EDITORIAL, 2017

Todos os direitos reservados.
Nenhuma parte deste livro pode ser reproduzida sob quaisquer meios existentes sem autorização por escrito do editor.

Diretor editorial **PEDRO ALMEIDA**
Preparação **TUCA FARIA**
Revisão **LUIZA DEL MONACO**
Capa e projeto gráfico **OSMANE GARCIA FILHO**
Foto de capa **WATCHARA RITJAN | SHUTTERSTOCK**
Ilustrações internas **PURESOLUTION, RATCH, VASABII | SHUTTERSTOCK**

Dados Internacionais de Catalogação na Publicação (CIP)
(Câmara Brasileira do Livro, SP, Brasil)

Silvestre, Marcos
    Previdência particular : a nova aposentadoria / Marcos Silvestre. — 1. ed. — Barueri, SP : Faro Editorial, 2017.

    ISBN 978-85-62409-98-1

    1. Aposentadoria – Brasil 2. Economia 3. Previdência privada I. Título.

17-04487   CDD-332.024010981

Índice para catálogo sistemático:
1. Previdência particular : Finanças pessoais :
Economia 332.024010981

1ª edição brasileira: 2017
Direitos de edição em língua portuguesa, para o Brasil, adquiridos por FARO EDITORIAL

Alameda Madeira, 162 – Sala 1702
Alphaville – Barueri – SP – Brasil
CEP: 06454-010 – Tel.: +55 11 4196-6699
www.faroeditorial.com.br

Para Sergio Brinckmann & Equipe, Cristiano Verardo, André Suaide, Rejane Diekmann e Mayara Bassoli, porque vivem, vibram e contagiam com sua missão de "Apoiar pessoas no planejamento e condução de suas vidas, sonhando em vê-las no pós-carreira desfrutando os benefícios de se manterem como agentes do próprio destino".

Sumário

1. REAÇÃO — 11
REAJA! COMECE JÁ A MONTAR SEU PROJETO DE PREVIDÊNCIA PARTICULAR

CAPÍTULO 1 — 17
TRACE E EXECUTE UM PROJETO DE PREVIDÊNCIA PARTICULAR: VIVA "COMO RICO" NA FASE DA APOSENTADORIA FINANCEIRA

2. PLANEJAMENTO — 31
PLANEJE-SE PARA TER A RENDA NECESSÁRIA NA IDADE CERTA

CAPÍTULO 2 — 35
RENDA MENSAL NECESSÁRIA: QUANTO GASTAR POR MÊS PARA VIVER BEM NA APOSENTADORIA?

CAPÍTULO 3 — 43
RESERVA TOTAL NECESSÁRIA: QUANTO ACUMULAR PARA PODER DERIVAR A RENDA NECESSÁRIA?

CAPÍTULO 4 — 55
ESFORÇO POUPADOR & INVESTIDOR MENSAL: QUANTO POUPAR & APLICAR ATÉ A RESERVA NECESSÁRIA?

3. POUPANÇA — 69

ECONOMIZE E GARANTA SUA CAPACIDADE MENSAL DE POUPANÇA

CAPÍTULO 5 — 71
SE NÃO SOUBER ECONOMIZAR, JAMAIS CONSEGUIRÁ POUPAR E APLICAR!

CAPÍTULO 6 — 77
PAGAMENTOS FREQUENTES X EVENTUAIS: É PRECISO ENXERGAR PARA CONSEGUIR ENXUGAR!

CAPÍTULO 7 — 85
ORÇAMENTOS DA CASA E DA FAMÍLIA: PLANEJAR + CONTROLAR = ECONOMIZAR & POUPAR

CAPÍTULO 8 — 99
ORÇAMENTOS PESSOAIS DOS MEMBROS DA FAMÍLIA: DESPESAS MENSAIS COM O CASAL E OS FILHOS

CAPÍTULO 9 — 109
ORÇAMENTOS QUE CERCAM A FAMÍLIA: AUTOMÓVEIS, DÍVIDAS X INVESTIMENTOS

4. ALOCAÇÃO — 121

SAIBA ONDE APLICAR: DURANTE A ACUMULAÇÃO X JÁ NO USUFRUTO

CAPÍTULO 10 — 127
FASE DA ACUMULAÇÃO (OU ESFORÇO): INVESTIMENTOS TRADICIONAIS DE RENDA FIXA

CAPÍTULO 11 — 133
FASE DA ACUMULAÇÃO (OU ESFORÇO): INVESTIMENTOS DINÂMICOS DE RENDA FIXA OU MISTA

CAPÍTULO 12 — 139
FASE DA ACUMULAÇÃO (OU ESFORÇO): INVESTIMENTOS SUPERDINÂMICOS DE RENDA VARIÁVEL

CAPÍTULO 13 — 157
FASE DO USUFRUTO (OU BENEFÍCIO): SUA DINÂMICA DE ALOCAÇÃO DEVE MUDAR?

5. CONTRATAÇÃO — 163
CONTRATE UM OU MAIS PLANOS DE PREVIDÊNCIA PRIVADA

CAPÍTULO 14 — 165
MODALIDADES DE PLANOS: ABERTO OU FECHADO? PGBL OU VGBL? RESGATE OU PENSÃO?

CAPÍTULO 15 — 177
TAXAS E IMPOSTO DE RENDA: COBRANÇAS QUE AFETAM A RENTABILIDADE DO SEU PLANO

CAPÍTULO 16 — 195
UMA ESCOLHA CONSCIENTE: PERFIL DE RISCO, PORTABILIDADE E PLANEJAMENTO SUCESSÓRIO

O Salmo 1, da Bíblia Sagrada, fala de quem é próspero:

É como árvore plantada à beira de águas correntes:
Dá fruto no tempo certo e suas folhas não murcham.

Tudo o que faz prospera

1. REAÇÃO

REAJA! COMECE JÁ A MONTAR SEU PROJETO DE PREVIDÊNCIA PARTICULAR

TUDO É PREVIDÊNCIA, MAS... COM GRANDES DIFERENÇAS!

A **previdência social** é o conjunto de benefícios pagos aos trabalhadores em nosso País pelo INSS — Instituto Nacional do Seguro Social — como *compensação financeira* por determinadas circunstâncias que afetam sua capacidade de trabalho e, por decorrência, sua possibilidade de gerar renda para o sustento digno próprio e de sua família. A proposta tradicional desse sistema é funcionar como um *seguro*, administrado pelo governo, para que o trabalhador continue recebendo do Estado uma renda depois de se *aposentar*, e também para que possa receber amparo financeiro em outras ocorrências negativas da vida laboral produtiva, como *invalidez permanente* ou *afastamento temporário*, seja por gravidez, acidente ou doença. Por ser um sistema *social*, todos os contribuintes ativos colaboram para o benefício de todos os já inativados pelo INSS, e não há uma correlação prática direta entre a contribuição individual de cada trabalhador e o benefício que ele particularmente irá receber — é tudo parte de um só conjunto.

BEM DIFERENTE

Por outro lado, a **previdência particular** é um esforço de mobilização exclusivo de cada trabalhador, um *projeto individual autônomo*, no qual a pessoa se planejará e se empenhará para fazer *esforços poupadores & investidores voluntários* durante a fase produtiva de sua vida de trabalho, visando acumular uma *reserva financeira particular* até o início da fase em que pretende começar a gozar de sua aposentadoria, derivando dessa reserva uma renda mensal regular para pagar suas contas de cada mês daí em diante. Para tanto, um dos melhores recursos de que se pode lançar mão é a **previdência privada**.

O universo da previdência privada também é conhecido no Brasil como *previdência complementar*. Essa denominação até faz sentido do ponto de vista histórico, já que a Previdência Social surgiu bem antes dos novos planos de previdência particular. Mas do ponto de vista financeiro, a opção batizada como *complementar* deve ser, na realidade, o *caminho principal* do seu planejamento rumo a um futuro próspero. A pequena (insuficiente!) renda que se espera receber do INSS — essa, sim — deve ser encarada, na melhor das hipóteses, como a parte *complementar*.

BENEFÍCIO?

Repare que o termo *benefício do INSS*, embora seja a designação técnica clássica do valor recebido pelos chamados *beneficiários* da seguridade pública, não deixa de revelar um vício de paternalismo estatal, pois esse "benefício", na realidade, nada mais é que o *retorno comprado* pelos trabalhadores com contribuições compulsórias regulares durante toda a sua vida laboral ativa. Sim, um termo mais adequado seria *retorno*. E por falar nisso, aproveito para esclarecer que neste livro não empenharei uma página sequer discutindo a reforma e o futuro da previdência social no Brasil, e por um simples motivo prático: ela não está sob nosso controle como *indivíduos*. Como contribuintes e cidadãos podemos ter nossas opiniões, podemos fazer cálculos dos mais diversos (as redes sociais estão cheias deles, que surtem pouco efeito quando aplicados), podemos protestar e demandar, podemos tentar influenciar legisladores e governantes através do voto. Mas isso não terá resultado concreto sobre a *situação particular de cada trabalhador* perante esta importantíssima fase da vida de todos (pelo menos os que forem presenteados com a bênção da vida longa): a *aposentadoria*.

INCOMPETÊNCIA

Parto do seguinte raciocínio: você acredita que o Estado brasileiro é suficientemente competente para cuidar da *educação* de nossos filhos? Julga essa entidade razoavelmente apta a cuidar de nossa *saúde*? Confia no governo brasileiro para cuidar da *segurança* de nossas famílias? Enfim, crê que essas *funções básicas* do Estado foram, são e serão bem cumpridas pelo chamado "poder público" (a designação chega a ser irônica) em suas diferentes esferas no País? Minha particular resposta a essas questões é um categórico e sonoro "NÃO", e vou arriscar afirmar que eu e você estamos basicamente de acordo nessa leitura. Então, por que legaríamos ao mesmo governo inepto o nosso *provimento*, nosso *conforto* e *bem-estar* ao fim de nossa vida laboral remunerada? Nós já sabemos que isso não funcionará bem!

MAS E AS REFORMAS?

Reformas vêm e virão, e todas elas terão um único sentido: impor critérios cada vez mais complexos para o acesso a um benefício que será progressivamente cadente e paulatinamente achatado em termos reais a cada nova rodada de revisão dos critérios de concessão. Hoje já vemos a previdência social como insuficiente e distante demais, mas cada vez mais ela será menos digna e menos acessível. Entenda que o compromisso do Estado não é com a vida financeira dos cidadãos, e sim, quando muito, com a equalização das contas públicas. Para essa entidade sem face (e sem alma) que é o Estado, eu e você não somos uma vida, somos apenas um número de CPF, meros contribuintes, com duas condições possíveis: ativos ou inativos. Então não se iluda: seja por incompetência no planejamento e na gestão dos recursos do INSS, seja por falcatruas e desvios históricos que se repetem insistentemente sobre um dinheiro que, por ser público, acaba sendo "de ninguém", o inevitável sentido da previdência social no Brasil é o *encolhimento do "benefício"*, o que resulta na pauperização do aposentado que não se mobilizar para "correr por fora" planejando uma previdência privada. Sim, pode ser triste, mas chorar pelo leite que *com certeza* não encherá seu copo é pouco prático para sua felicidade. O sábio ditado nos alerta que "camarão que dorme a onda leva", então, não me resta outra recomendação: mexa-se!

E OS MAIS POBRES?

Não quero parecer socialmente insensível com esta minha proposição de proatividade planejadora. Reconheço que há aqueles que hoje não têm renda mínima sequer para passar de um dia a outro com dignidade (leia-se aqui *sem passar fome*). São milhões de trabalhadores vivendo nessa situação, até como resultado da acentuada incompetência da política econômica governamental, com sucessivos erros e desmandos que impedem que o crescimento e o desenvolvimento se alastrem e beneficiem a base da população, viabilizando ganhos dignos para a maioria, como ocorre nos países que possuem uma boa gestão governamental.

Em minha opinião, apenas esses trabalhadores desfavorecidos deveriam ser assistidos financeiramente pelo poder público em sua aposentadoria. Imagine uma faixa de corte para receber cobertura de aposentadoria pelo INSS, como a renda média mensal de até cinco salários mínimos, por exemplo. Daí para cima, os que quiserem e assim julgarem necessário, que providenciem o próprio pé de meia para o futuro. Muitos *podem* fazer isso, mas simplesmente ignoram essa possibilidade, seja por simples falta de conhecimento dos meios para estruturar esse crucial projeto de vida, seja por pura preguiça. No futuro, eles pagarão o devido preço de sua escolha imprevidente. Sim, porque não fazer nada (ou fazer pouco e malfeito) também é, de certa forma, uma escolha.

REAJA!

Sendo bastante realista, proponho que você, tendo condições mínimas para tal, assuma o controle do seu futuro financeiro, porque um dia ele chegará, e você então colherá nesse *amanhã* o que tiver plantado no *hoje*. E colherá em proporção direta aos seus esforços: se plantar *pouco* e *mal*, colherá *empobrecimento* na aposentadoria. Se plantar o *necessário* e o fizer com *competência*, colherá *prosperidade* na terceira idade, e será até candidato a chamá-la, sem nenhuma demagogia, de *melhor idade*. Neste livro você encontrará um guia prático para *reagir proativamente* diante da situação da seguridade pública e assumir o comando de sua preparação para a aposentadoria, valendo-se das boas *soluções do universo da previdência particular*.

FOCOS DE UM PROJETO DE PREVIDÊNCIA PARTICULAR

NÃO CONFUNDA!

Compreenda que *montar um projeto* de previdência particular, de um lado, e *contratar um ou mais planos* de previdência privada, de outro, não se trata exatamente da mesma coisa. Essa é uma confusão comum entre profissionais do mercado financeiro, que tendem a enxergar a vida financeira das pessoas mais pela óptica da *oferta*, dos produtos e das soluções financeiras em si (que são somente *meios*), e menos do ponto de vista da *procura*, das necessidades, das preferências e das possibilidades de cada indivíduo e cada família (onde residem verdadeiramente os *fins*). A falta de educação financeira adequada produz esse lamentável "viés da oferta".

PLANOS... PLANOS!

Os bons planos de previdência, devido a suas particulares características de produtos concebidos especialmente para propiciar o planejamento da aposentadoria, são sem dúvida os instrumentos mais bem ajustados para garantir sua prosperidade no futuro, mas não são os únicos tipos de investimento disponíveis para esse propósito, e muito menos são a única providência que deve ser tomada. Não basta contratar um plano de previdência para que você possa afirmar tranquilamente: "Tenho uma previdência particular!". Cinco são os focos de um *projeto de previdência particular* responsável e competente, e eles serão explorados em detalhes nesta obra:

1. **REAÇÃO.** Reaja *na prática* contra a situação da previdência social, retome em suas mãos o destino de suas finanças lá na maturidade e escolha ser previdente como indivíduo, traçando e tocando um projeto de previdência particular. O sentido da palavra é simples: ser *previdente* é olhar com antecedência, antever o futuro e... preparar-se! Ajudará muito nessa etapa poder ter uma boa previsão das diferentes *fases evolutivas* da sua vida financeira, do começo à maturidade, como faremos logo a seguir.

2. **PLANEJAMENTO.** Para ter uma aposentadoria próspera, planeje-se fazendo todas as contas certas sobre a *idade-meta* ideal para se aposentar, a *renda mensal futura* que você deverá conseguir obter para viver com dignidade nessa fase plena de sua vida, a *reserva necessária* para proporcioná-la e o *esforço poupador & investidor* mensal que levará você a atingir seu objetivo final.

3. **POUPANÇA.** Assegure sua capacidade de poupança mensal, porque sem ela nenhum bom planejamento se transformará em *realidade*. Para isso, será preciso promover uma ampla *reorganização do orçamento pessoal e familiar*, enxugando gastos, produzindo economias e abrindo espaço para poupar um valor expressivo todos os meses, porém sem sacrificar indevidamente sua qualidade de vida no presente.

4. **ALOCAÇÃO.** Faça escolhas conscientes com relação às suas aplicações financeiras, tanto para o período de *acumulação* do seu projeto de previdência quanto para o período de *benefício* (e essas são dinâmicas um tanto quanto diferentes, que podem apontar escolhas distintas). Aplicações *conservadoras*, como Caderneta de Poupança, FIFs, CDBs, LCAs e LCIs, se apresentam em contraste com aplicações *dinâmicas*, porém muito seguras, como os títulos do Tesouro Direto, e até *superdinâmicas*, como o investimento em ações (que pode ser seguro se conduzido por uma estratégia adequada). Nessas três faixas de risco há também os bons planos de previdência, a modalidade de investimento especificamente desenhada para amparar você na aposentadoria.

5. **CONTRATAÇÃO.** Contrate um ou mais planos para seu projeto de previdência particular. Saiba escolher entre PGBL e VGBL (ou ambos!), aprenda a pagar os menores custos em termos de *taxas* e *impostos* (para melhorar a rentabilidade, aumentar a reserva e ampliar o benefício) e veja também como escolher o *perfil de risco* de seus planos (priorizando o dinamismo), sejam eles *abertos* (contratados no mercado) ou *fechados* (como parte dos benefícios da organização em que você trabalha).

Capítulo 1

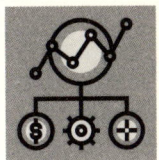

TRACE E EXECUTE UM PROJETO DE PREVIDÊNCIA PARTICULAR: VIVA "COMO RICO" NA FASE DA APOSENTADORIA FINANCEIRA

Conceituação

Já que vamos tratar aqui de aposentadoria, precisamos definir, na largada, exatamente do que iremos falar. O conceito de aposentadoria útil para você desenvolver um projeto de previdência particular não é aquele conceito trivial de *parar de trabalhar*. Trataremos aqui daquilo que chamamos de *aposentadoria financeira*: o período da sua vida que começa a partir de uma determinada idade-meta planejada e se estende até o final da sua existência, e durante o qual não será mais seu trabalho que pagará (o total, ou pelo menos a maior parte de) suas contas do mês, pois seu provimento será garantido pelo usufruto da reserva patrimonial (financeira, imobiliária ou até empresarial) que você terá acumulado de forma planejada até lá — de cujos rendimentos reais você se servirá, bem com do eventual consumo (e extinção) de sua principal fonte de renda. Depois de financeiramente aposentado, você poderá continuar trabalhando ou não, tanto faz. Uma coisa é certa: estando financeiramente aposentado, se não *quiser* e/ou não *puder* mais trabalhar, você não se verá obrigado a fazê-lo por *necessidade financeira*. Afinal, se o seu projeto de previdência particular realmente funcionar, você se tornará um aposentado rico.

Mas rico?

Isso mesmo, rico. E o que é uma pessoa rica? Muito já se discutiu e se discute para tentar definir o que é um sujeito rico. Existe todo tipo de conceituação, das mais *matemáticas* ("Rico é quem tem R$ X milhões ou mais") às mais *emotivas* ("Rico é quem sabe viver feliz com o que tem"). A mais objetiva e prática definição que encontrei até agora em minha experiência como orientador financeiro é a seguinte: rico financeiro é o indivíduo que não precisa viver de *renda do trabalho*, porque tem patrimônio (aplicações e/ou propriedades) suficiente para viver de *renda do patrimônio*. Isso não quer dizer que o rico não trabalhe, muitos deles o fazem, e com cargas horárias diárias até bastante pesadas, inclusive na fase da aposentadoria. Mas os ricos trabalham essencialmente porque *querem*, não porque *precisam*, pensando do ponto de vista financeiro.

Aposentado rico

Note que para traçar essa definição do que é uma pessoa rica eu não precisei utilizar nenhum parâmetro concreto em termos de cifrões. Não afirmei que o rico é aquele que tem acima de R$ X milhões em patrimônio líquido acumulado. Desde que o patrimônio acumulado do indivíduo gere renda suficiente para cobrir suas despesas do mês, podemos, sim, classificá-lo como rico. Colocando a coisa dessa forma, vemos que se uma pessoa se planejar para ter uma exigência comedida de renda mensal, ela poderá perfeitamente acumular um patrimônio atingível para "reles mortais", e tal patrimônio será tranquilamente suficiente para dar conta do recado. Pois este será seu objetivo para conquistar uma aposentadoria próspera: estimar uma renda mensal necessária, a ser derivada a partir de uma determinada idade-meta, e, então, esforçar-se para acumular a reserva que você precisa para pagar suas contas a partir daí. Se der certo, sim: você viverá como rico. Não quero dizer que você será um magnata multimilionário (raros são os que acumulam patrimônios gigantescos), mas com a *tranquilidade financeira* que os ricos, em suas várias faixas, costumam ter.

Fases

Refletindo um pouco sobre a maneira como transcorre nossa vida financeira de ponta a ponta, logo nos lembramos de que a *aposentadoria*, esse momento em que pretendemos nos encontrar ricos, é a última etapa do projeto de previdência. Para preparar com responsabilidade essa fase, sem prejuízo das anteriores, convém que possamos visualizar as diferentes fases todas juntas, uma concatenada à outra, de maneira fluida e equilibrada. Desejamos ter a vida mais plena e realizada possível em cada etapa, e para isso trabalhamos, ganhamos e gastamos. Ao mesmo tempo, sabemos que é necessário empreender um certo esforço poupador & investidor mensal de forma disciplinada ao longo de muitos anos, plantando aquele patrimônio do qual poderemos colher uma renda digna na aposentadoria. Qual o momento certo para começar a plantação? Quando exatamente começar a usufruir da colheita? Vamos meditar com calma sobre as várias fases evolutivas da sua vida financeira, buscando respostas bem ajustadas para essas importantes questões.

AS ETAPAS DA SUA VIDA FINANCEIRA: DA CAPACITAÇÃO À APOSENTADORIA

Evolução

Nossa vida financeira é naturalmente composta por *fases evolutivas*, cada qual com desafios bastante peculiares de bom planejamento e gestão competente do dinheiro. Em todas essas etapas, está colocado o desafio de equilibrar presente e futuro. De um lado, é preciso atender adequadamente às necessidades cotidianas, garantindo a você e aos seus uma boa vida a cada momento presente. Viver bem é uma necessidade constante. De outro lado, também é necessário encaminhar durante toda a vida a concretização dos grandes sonhos de compra & consumo, rumo à fase mais madura, e que deveria também ser a mais plena — a fase da *aposentadoria*. Independentemente de onde se encontra hoje, você terá agora uma rápida visualização de sua existência financeira de ponta a ponta. Isso o ajudará a colocar seu relacionamento com o dinheiro em boa perspectiva para encaixar dentro de suas possibilidades seu projeto de previdência particular rumo à maturidade financeira. Desse modo, são *seis* as principais fases da vida financeira:

1ª **FASE: CAPACITAÇÃO** (até os 20 anos)
2ª **FASE: CONSTRUÇÃO** (dos 20 aos 35 anos)
3ª **FASE: CONSOLIDAÇÃO** (dos 35 aos 50 anos)
4ª **FASE: MANUTENÇÃO** (dos 50 aos 65 anos)
5ª **FASE: APOSENTADORIA | 1º TEMPO: RENOVAÇÃO** (dos 65 aos 80 anos)
6ª **FASE: APOSENTADORIA | 2º TEMPO: CONTEMPLAÇÃO** (acima dos 80 anos)

AS ETAPAS DA SUA VIDA FINANCEIRA: DA CAPACITAÇÃO À APOSENTADORIA

1ª FASE: CAPACITAÇÃO ATÉ OS 20 ANOS

ESTUDE!

Se você nasceu no conforto e na proteção financeira de um típico lar de classe média, nas primeiras duas décadas de sua vida não será necessário se sacrificar para poder se sustentar. Seu principal desafio será, além de *viver bem* (pois o bem viver é sempre um imperativo), aproveitar essa fase para se capacitar profissionalmente e conseguir, nas etapas seguintes, atuar como um *bom gerador de renda*. Outra sábia providência será aproveitar a "cabeça fresca", e a natural maior disponibilidade de tempo, para aprender tudo o que puder sobre *finanças pessoais* e *empreendedorismo*. Você ainda é bastante jovem, tem pela frente um longo horizonte de ganhos, de gastos, de poupança e investimento, e pode chegar muito longe se souber se planejar para ganhar bem, viver bem gastando bem — e ainda economizar e aplicar seu dinheiro de forma criativa, inovadora e empreendedora, visando melhor *rentabilidade*, sem que, para isso, tenha de abrir mão de um bom nível de *segurança*.

CONTROLE SEUS GASTOS!

Nesta fase, como você já será um *consumidor bastante ativo*, convém planejar e controlar seus gastos, suas contas e compras com responsabilidade, mantendo-se afastado das dívidas. Cuidado para não começar sua vida financeira com o pé esquerdo, atolado em infindáveis prestações, afogado no pagamento de juros desnecessários que só o farão empobrecer. Desde sempre, busque sua independência financeira, e não caia na tentação de, a partir desse ponto, se encostar financeiramente nos pais: é muito provável que haja poucas condições da parte deles de ajudá-lo com dinheiro nas suas próximas fases devido aos desafios que eles já tem por conta própria, uma vez que estarão adentrando a maturidade de suas vidas financeiras.

RESISTA!

Se esse tipo de ajuda estiver disponível (são raros, mas há pais e mães com boas condições de assisti-lo financeiramente), tente abster-se desse suporte paternalista, pois ele poderá acabar minando sua capacidade de aprender a dar seus passos com as próprias pernas e conquistar seus sonhos com o próprio bolso. Seus pais merecem desfrutar da prosperidade pela qual lutaram; construa você a sua! Ok, se lhe for oferecido algum auxílio financeiro pontual, não deixe de aproveitá-lo para comprar o primeiro carro, dar entrada no financiamento de sua primeira casa própria ou então pagar uma pós-graduação de alto nível, quem sabe até no exterior. Mas aprenda, o quanto antes, a produzir o próprio dinheiro, custear as próprias despesas e realizar os próprios investimentos.

APOSENTADORIA

Quanto a seu projeto de previdência particular, muito pouca gente pensa nele nessa fase. Pode ser que, se você for um desses raros sortudos que têm pais muito previdentes, eles tenham, por exemplo, iniciado um plano de previdência privada quando você nasceu. Com R$ 300 por mês aplicados em um plano de perfil dinâmico, a reserva acumulada aos vinte anos poderá ser algo próximo de R$ 100 mil. Se você então passar a ter sua fonte de renda autônoma e assumir esse esforço poupador & investidor perene de R$ 300 mensais, sem aumentar um centavo sequer, chegará aos sessenta anos com uma reserva total de R$ 600 mil! Ok, ok... provavelmente isso não aconteceu com você. Mas estou certo de que lhe deu água na boca. Portanto, que tal tentar essa estratégia para seus filhos?

2ª FASE: CONSTRUÇÃO DOS 20 AOS 35 ANOS

PARA VALER!

A mudança na dinâmica de seu relacionamento com o dinheiro será profunda nesta segunda fase. É possível que aqui seja a primeira vez, em sua história, que você sentirá — e agora de forma definitiva — os *prazeres* e as *dores* de se sustentar "por conta e risco" do seu bolso. Aqui você tomará suas decisões financeiras com autonomia, e delas colherá os frutos que tiver de colher, sejam eles bons ou maus. A "grande aventura" da sua vida financeira está começando! É nesta fase que muitos iniciam a formação de suas famílias, construindo item a item de sua estrutura básica de qualidade de vida e também de gastos: casa, carro(s), filho(s) etc. Para os que vêm de famílias mais abastadas, a pressão sociofamiliar, que muitas vezes se transforma em um pesado fardo, é começar a vida independente sem "rebaixamento". O perigo aqui é transformar esse desejo em obsessão e tentar "manter o padrão" bancando seus gastos e suas compras com dívidas mal planejadas!

SONHOS

Como realizar o casamento dos sonhos, com uma linda festança e aquela memorável superviagem de lua de mel? Como conseguir comprar seu primeiro carro e trocá-lo, com o passar do tempo, por automóveis cada vez melhores? Como adquirir sua primeira casa própria, podendo quitá-la quanto antes, decorá-la completamente a seu gosto e fazer uma grande reforma com importantes melhorias assim que possível? Como preparar-se financeiramente para ter seus filhos com conforto e segurança? Tudo isso, sem deixar de viver bem no dia a dia, incluindo aí lazer e prazer, aproveitando o que a vida tem de melhor, e ainda mantendo-se afastado das dívidas preocupantes.

BOA SORTE!

Esse conjunto de desafios "desabará" pesadamente sobre seu bolso na fase da *construção*. Dar conta do recado com equilíbrio não será fácil, mas com certeza é possível: de um lado, muito trabalho sério para ganhar dinheiro, de outro, altas doses de *bom planejamento* e *competente gestão financeira*, para multiplicar o poder de compra do seu dinheiro e cobrir os gastos do presente sem se esquecer dos esforços de preparação para o futuro. Afinal, aqui você deverá assentar com solidez as bases da prosperidade que deseja cultivar em todas as próximas etapas da sua vida. Quanto à *aposentadoria*, o ideal seria começar a pensar nisso — começar a investir — desde já: na Seção 2 deste livro, eu lhe mostrarei como fica bem menos sacrificado se você tiver um horizonte poupador de quarenta anos para se preparar para a sua prosperidade de aposentado. No entanto, reconheço que se trata de uma meta muito arrojada para a maioria das pessoas. Desde que essa providência não passe do início da próxima fase, ainda haverá tempo. Por isso, convém montar seu projeto de previdência particular ainda nesta fase, mesmo que só seja possível usufruí-lo nas fases seguintes.

3ª FASE: CONSOLIDAÇÃO DOS 35 AOS 50 ANOS

CHEGUEI!

É nesta etapa de sua vida financeira que você irá fincar sua bandeira no mundo, marcar o território de sua existência material. Na fase anterior você *começou a construir*, agora vai de fato *consolidar*. Aqui, você provavelmente quitará sua primeira casa própria, terá seu último filho, fará aquelas memoráveis grandes viagens ao exterior (pelo menos uma delas), comprará carros melhores, talvez até um segundo imóvel, este apenas para os dias de lazer. Aqui você atingirá sua maturidade profissional, e maximizará as possibilidades de ganho do seu trabalho. É na fase da *consolidação* que você também definirá o *estilo de vida* que deseja ter, acompanhado do natural desafio de dar sustentabilidade financeira a ele. Você chegou à primeira versão daquilo que pode chamar de *uma boa vida*, e sabe muito bem que não chegou até aqui por acaso, mas à custa de muito empenho e trabalho duro.

FUTURO

Você deverá começar aqui a "preparar o terreno" para continuar vivendo uma ótima vida também nas próximas fases. Na *consolidação*, passar a investir pesado para conquistar seus principais sonhos de compra & consumo será sua única garantia de uma vida material plenamente realizada. E caso tenha *dívidas preocupantes*, esta é a hora de se livrar delas de uma vez por todas! Quem sabe inclusive montar um *negócio próprio* como alternativa inteligente para uma carreira corporativa eventualmente ameaçada, ou como forma de explorar uma boa oportunidade que você tenha enxergado no mercado nesses anos todos de experiência profissional.

APOSENTADORIA

Sim: é chegada a boa hora (viável e necessária) de acionar seu *projeto de previdência particular*, porque deixar para mais tarde encarecerá bastante o esforço poupador. Veja na Seção 2 um plano de investimento de trinta anos (360 meses) para acumular a reserva total necessária e se aposentar bem, e você perceberá que nesta fase o desafio é perfeitamente compatível com suas possibilidades financeiras, desde que você se organize para tanto. Também não convém ficar sem um bom *seguro de vida*. Coisas ruins também podem acontecer com pessoas boas, e, nesse caso, você desejará estar coberto, do ponto de vista financeiro.

APOIAR PESSOAS E CAUSAS

Na *consolidação* você descobrirá que o seu dinheiro não foi feito só para você. Sua visão de mundo irá se ampliar muitíssimo com seu amadurecimento pessoal, e uma das coisas que aprenderá é que tem gente que precisa desesperadamente da sua ajuda. Uma maior folga planejada no orçamento familiar lhe permitirá ser solidário e oferecer auxílio financeiro a quem precisa, sejam membros de sua família, amigos ou pessoas carentes do seu meio social — e até mesmo gente distante que você nunca viu ou verá, mas que, para ser mais feliz, precisa de um pedacinho daquilo que você tem.

4ª FASE: MANUTENÇÃO DOS 50 AOS 65 ANOS

PERENIDADE

Você que seguiu até aqui com um bom planejamento financeiro e uma gestão competente do seu dinheiro terá finalmente atingido "a vida que pediu a Deus". Seu principal desafio agora será mantê-la, e garantir semelhante patamar até o final dos seus dias nesse mundo. Nesta etapa, o cuidado para não se deslumbrar com gastos excessivos e dívidas descontroladas deve ser redobrado. Você caminhou até aqui em um processo de enriquecimento contínuo que não deve ser interrompido. Mas é justamente neste momento que talvez ocorra um rebaixamento de seu nível de renda, em função de uma possível recolocação no mercado de trabalho com salário menor do que você estava acostumado a ganhar, já que as empresas costumam taxar profissionais maduros como sendo caros demais. Então, nesta etapa, convém já ter formado uma boa reserva financeira contra o eventual desemprego crônico.

AMEAÇAS

Apesar das conquistas consolidadas até aqui, novos desafios para o seu bolso poderão naturalmente surgir nesta fase da sua vida financeira. Para quem teve filhos, possivelmente seus "herdeiros" passarão a demandar ainda mais do que até então: desde uma belíssima festa (ou uma megaviagem) de 15 anos para sua filha até aquele novo carro (0 km, de preferência!) para quando ela entrar na faculdade. E, claro, com a faculdade, há o inevitável aumento da mesada do seu(s) filho(s), para bancar a vida social mais intensa, aquela necessidade dos jovens de andar na moda, as viagens com a galera... Ufa! Mas se você tiver um bom planejamento financeiro, poderá extrair um grande senso de realização pessoal ao continuar provendo o melhor para seus descendentes (agora mais exigentes), seguindo o elevado padrão de provimento que como pai, ou mãe, você se propôs bancar até aqui.

APOSENTADORIA

Continue poupando regularmente e tocando com afinco seus diversos planos de investimentos ainda não concretizados, dentre eles, o principal: seu projeto de previdência particular! Alguns esperam chegar a esta fase para só então começar a formar sua reserva financeira para a aposentadoria, aproveitando seu maior poder aquisitivo e a menor necessidade de empregar recursos para construir sua estrutura básica de vida, que já estará devidamente assentada a essa altura. Ok, sempre terá tempo, mas começar aqui significa começar tarde, e você, sem dúvida alguma, sentirá o peso financeiro de ter postergado essa importante providência. Na Seção 2, apresentarei um plano de acumulação para vinte anos e outro para apenas dez — assim você irá constatar com facilidade, na ponta do lápis, o crescimento exponencial do esforço poupador &

investidor necessário para se aposentar com dignidade financeira se começar tarde demais.

5ª FASE: APOSENTADORIA — 1º TEMPO: RENOVAÇÃO DOS 65 AOS 80 ANOS

PRONTO!

Chegou a hora de usufruir do que você plantou nas fases anteriores, colhendo os resultados de seu bom projeto de previdência particular! Este é o momento da sua vida financeira em que todos os seus principais sonhos já terão sido conquistados, e suas contas do mês (ou pelo menos a maior parte delas) serão pagas pelo patrimônio acumulado. Agora você deve continuar vivendo bem, com conforto e segurança, inclusive conseguindo eventualmente ajudar quem necessita do seu auxílio financeiro — pais idosos, filhos estreantes na vida profissional, netos ou pessoas carentes da sociedade a sua volta. De certa forma, aqui a sensação é de *missão cumprida*, mas, para sua surpresa, o placar ainda pode estar aberto, e o jogo, rolando em campo. É uma fase que pode lhe reservar agradáveis novidades em sua vida como um todo, sobretudo no que se refere ao seu trabalho, com reflexos positivos em sua vida financeira.

RENOVAÇÃO!

Até a geração de nossos avós, *aposentar-se* significava sair de campo, vestir o pijama e acomodar-se diante da TV. Felizmente, as coisas não funcionam mais assim; ou pelo menos *não precisam* ser assim se você *não quiser*. Depois dos 65 anos, considerando a razoável expectativa de se viver ainda algumas décadas, você ainda pode ter muita coisa boa a fazer e a agregar ao mundo. Seu processo de enriquecimento contínuo rumo à prosperidade sustentável e duradoura não precisa necessariamente se interromper por aqui. Revalorize sua experiência profissional, acumulada em quatro ou cinco décadas de trabalho, e também sua rica bagagem de vida. Talvez exista ainda disposição física e mental para continuar fazendo "parte do jogo". Assim, quem sabe nesta fase você acabará optando por iniciar uma nova carreira, talvez se estabelecendo como *empreendedor*, dono do seu negócio, até mesmo em um segmento bem distinto daquele em que costumava atuar. Como você estará financeiramente aposentado, isto não será feito por *necessidade*, e sim por *escolha*, como pura fonte de realização pessoal!

DICA ESPERTA

Se estiver interessado em desenvolver um projeto empreendedor, lançando-se no mercado por conta própria, deixe-me recomendar um guia prático, muito útil, que o ajudará a estabelecer um negócio próprio de grande sucesso: o *best-seller* de minha autoria **A virada na carreira — ganhe dinheiro por conta própria**, publicado pela Faro Editorial e disponível em toda a rede livreira nacional.

HERDEIROS

Para quem teve filhos, esta ainda será uma fase de gratificantes oportunidades de ajudá-los em seus primeiros passos na vida financeira adulta. Você pode querer auxiliá-los no custeio do seu casamento e/ou na compra de um primeiro imóvel próprio, talvez no financiamento "a fundo perdido" de um bom curso de pós-graduação, inclusive no exterior. Tendo condições, você poderá até pensar em doar certo capital financeiro para que seu (promissor e bem orientado) filho inicie um (promissor e bem planejado) negócio próprio. Você certamente vai querer para os seus uma trajetória de sucesso como a sua.

HERANÇA

Será este o momento de planejar de forma competente o *legado financeiro* que você pretende deixar para seus entes queridos, inclusive com eventuais doações e a possível transmissão de patrimônio realizada ainda em vida. Não lhe terá custado pouco a conquista de tudo o que você acumulou até aqui, porque o processo de enriquecimento contínuo sempre envolve renúncia voluntária. Portanto, é mais do que natural que você queira passar tudo para aqueles que permanecerão aqui após a sua partida da forma financeiramente mais econômica e segura. Um bom *planejamento sucessório* evitará o pagamento de elevados impostos de transmissão e pesados honorários de inventário, custos que poderão dilapidar boa parte do patrimônio que você pretende transferir às próximas gerações.

6ª FASE: APOSENTADORIA — 2º TEMPO: CONTEMPLAÇÃO ACIMA DOS 80 ANOS

CHEGUEI!

A etapa da *contemplação* é a fase mais evoluída da sua existência como um todo, e também a plenitude máxima das conquistas na sua vida financeira. Os grandes sonhos já foram todos materializados, as boas batalhas, combatidas e vencidas, e muitas delas com honra ao mérito. Você terá vivido uma vida verdadeiramente rica e realizada! Aos oitenta anos e daí para a frente, você fará por bem se conformar com o fato de que o jogo em si está praticamente encerrado. Por natural decorrência da longa vida com que foi agraciado, sua energia física e mental sofrerá uma redução significativa, e é bem provável que você deseje assumir uma postura mais *contemplativa* com relação à existência. Ah, como será bom olhar a sua volta e constatar que, partindo muitas vezes "do nada", tanta coisa foi realizada, para si e para aqueles que você ama!

TRAN-QUI-LI-DA-DE!

Nesta fase, trabalhar para ganhar dinheiro, e assim poder bancar suas contas, deverá estar totalmente fora dos seus planos (de qualquer forma, para sermos bem realistas, estará fora de suas concretas possibilidades).

Mas você não estará nem um pouco preocupado com isso: seu *projeto de previdência particular*, providenciado e cultivado com muito cuidado nas fases anteriores, lhe garantirá respaldo para dar continuidade a uma vida de consumo ativo, com conforto, comodidade, alguma mordomia e, sobretudo, muita qualidade de vida!

VAMOS PROSPERAR!

No desafio da montagem de seu *projeto de previdência particular*, já exploramos tudo o que é necessário quanto ao seguinte foco:

1. REAÇÃO
REAJA! COMECE JÁ A MONTAR SEU PROJETO DE PREVIDÊNCIA PARTICULAR

Restam agora quatro outros focos a serem trabalhados para assegurar a conquista de uma *aposentadoria próspera*:

2. PLANEJAMENTO
PLANEJE-SE PARA TER A RENDA NECESSÁRIA NA IDADE CERTA

3. POUPANÇA
ECONOMIZE E GARANTA SUA CAPACIDADE MENSAL DE POUPANÇA

4. ALOCAÇÃO
SAIBA ONDE APLICAR: DURANTE A ACUMULAÇÃO × JÁ NO USUFRUTO

5. CONTRATAÇÃO
CONTRATE UM OU MAIS PLANOS DE PREVIDÊNCIA PRIVADA

2. PLANEJAMENTO

PLANEJE-SE PARA TER A RENDA NECESSÁRIA NA IDADE CERTA

O FUTURO A DEUS PERTENCE, MAS VOCÊ PODE PLANEJÁ-LO!

PLANOS E CONTAS

Independentemente da etapa da vida financeira na qual você se encontra hoje, se ainda não adentrou a fase da *aposentadoria*, você conserva a oportunidade (e o dever!) de planejar com todo o cuidado seu projeto de previdência particular, escrutinando suas circunstâncias presentes e projetando com competência as circunstâncias futuras desejadas, para então traçar a ponte pretendida entre o hoje e um amanhã próspero. Do ponto de vista do *planejamento financeiro* para uma aposentadoria próspera, eis os parâmetros que têm de ser bem apurados *na ponta do lápis*:

- **Idade certa para se aposentar.** De um lado, qual é o seu *anseio pessoal* nesse sentido? De outro, o que lhe é permitido pela dinâmica da carreira profissional que você abraçou? Tem aqueles que querem "pendurar as chuteiras" mais cedo, outros nem tanto. Há profissões que obrigam o indivíduo a se aposentar mais rápido, enquanto outras oferecem maior longevidade laboral. Qual é o seu caso? Tenha em mente que suas circunstâncias são únicas, e somente elas lhe interessam.

- **Renda mensal necessária.** Qual o gasto necessário mensal para viver bem na fase da aposentadoria? Que proporção do seu atual salário lhe servirá com dignidade na terceira idade? Aqui se trata de "estipular o preço" (de forma estimada, é claro) da vida que você deseja ter lá na frente.

- **Reserva total necessária.** Qual a soma que você deverá acumular, no final as contas, até a idade certa, para poder obter dessa reserva a renda necessária? Lembre-se: na fase da aposentadoria financeira, é essa reserva que pagará todas as suas contas (ou a maior parte delas), e não seu trabalho naqueles dias.

- **Esforço poupador & investidor mensal.** Quanto você terá de poupar & aplicar todos os meses (e onde investirá?) até acumular a reserva necessária na idade certa? Porque a essência do seu projeto de previdência particular é se esforçar na fase financeiramente produtiva da sua vida de trabalho, para poder colher bons frutos não só hoje, mas também lá na frente, quando a fonte secar ou jorrar com menos intensidade.

RESPONSABILIDADE!

Essas não são contas difíceis de se fazer, ainda mais utilizando as ferramentas práticas que apresentarei a você nesta obra. No entanto, esta fase não deve ser subestimada, porque uma decisão acertada aqui pode significar *a diferença* entre um futuro próspero e outro "nem tanto". E de "nem tanto", a fila dos aposentados brasileiros já está cheia!

A IDADE IDEAL PARA SE APOSENTAR: O BALANÇO ENTRE QUERER E PODER!

A IDADE CERTA

Recapitulando o conceito aqui proposto de *aposentadoria financeira*: trata-se do período da sua vida que começa a partir de uma determinada idade-meta planejada, estendendo-se até o final da sua existência, e durante o qual não será mais seu trabalho que pagará (o total, ou pelo menos a maior parte de) suas contas do mês, pois seu provimento será garantido pelo usufruto da reserva patrimonial (financeira, imobiliária ou até empresarial) que você terá acumulado de forma planejada até lá, servindo-se dos rendimentos reais dessa reserva, e até mesmo do eventual consumo (até a extinção) de sua principal fonte de renda. E então: nesses termos, qual a *idade certa* para iniciar sua aposentadoria financeira?

DISPARIDADE

Eu venho orientando diferentes indivíduos das mais diferentes classes sociais e dos variados ramos profissionais desde 1991, e pude perceber que a maior parte das pessoas economicamente ativas só começa a pensar em se preparar para sua aposentadoria perto dos quarenta anos. Quase todas dizem que desejam se aposentar entre cinquenta e sessenta anos, mas, quando confrontadas com detalhes de planejamento de seu projeto de aposentadoria, constatam (falando de forma realista) que não conseguirão fazê-lo antes dos sessenta ou 65 anos. Pela natural decorrência do tempo, muitos acabam obrigados a se afastar de seu tradicional mercado de trabalho bem antes dessa faixa (por vezes, antes dos cinquenta anos), e passam a desenvolver funções com remuneração bastante inferior a sua média quando na ativa. Isso esticará esse esforço laboral involuntário para além dos setenta anos, e, a partir de então, o indivíduo passará a depender cronicamente da pensão do INSS. O resultado dessa falta de estratégia de mobilização prática focada em um projeto responsável de previdência particular é a surpreendente e acentuada queda no padrão de consumo na terceira idade.

NA REAL

E então, de acordo com *seus anseios*, qual a idade certa para se aposentar? Acredite quando digo que, a menos que você esteja iniciando sua preparação ainda bem cedo, antes dos trinta anos, e que, portanto, tenha um longo horizonte de tempo pela frente, com ampla margem de manobra, sua *vontade* propriamente dita não há de interferir tanto assim na definição da idade certa para se aposentar. Essa idade será muito mais o resultado da contraposição entre suas expectativas de *patamar de renda mensal no futuro* (quando já estiver vivenciando sua aposentadoria) e sua *capacidade de poupança mensal presente* (focada na acumulação da reserva necessária para gerar essa renda na aposentadoria).

QUERER × PODER

Posso afirmar por experiência de atendimento que, para os bem planejados, a escolha da idade certa para se aposentar será muito mais de natureza *matemática* do que *subjetiva*. E para os mal planejados, infelizmente a larga maioria dos brasileiros, mesmo os de classe média, a aposentadoria financeira será como um longo castigo financeiro de sujeição a um padrão de vida material achatadíssimo, abaixo, inclusive, das piores possibilidades imaginadas. Não quero afirmar que gente nessa situação será necessariamente infeliz, porque a felicidade depende de vários outros fatores. O que digo é que os trabalhadores que não se afastarem desse "destino-padrão" sem dúvida alguma terão de lidar com perdas materiais profundas e não imaginadas. E isso é, no mínimo, uma limitação desagradável para enfrentar na terceira idade.

TIPOS DE CARREIRA

Outro fator para se olhar de perto ao traçar a idade certa para planejar sua aposentadoria é a dinâmica de carreira profissional de cada indivíduo. Existem aquelas profissões do tipo *fast money*, que trazem dinheiro rápido logo no início da carreira, como jogadores de futebol e *investment bankers*, por exemplo. Esse pessoal costuma ganhar muito dos vinte aos 35 anos, e a partir daí tem de se reinventar para continuar sendo bem remunerado. São poucos os que conseguem. No extremo oposto encontramos a carreira tipo *big belly* do bom auditor, do advogado competente ou do médico experiente: eles demoram para decolar financeiramente, trabalhando duro desde o começo e passando a ganhar um pouquinho melhor só a partir dos trinta e tantos anos, mas com a possibilidade de estenderem sua fonte de ganhos sem problemas até os 65 ou mais, desde que sua saúde física permita. Na média entre as duas dinâmicas profissionais acima, temos as carreiras *job by job*, típica do prestador de serviços "multiprojetos", como um profissional autônomo de TI ou um marceneiro, por exemplo. Essas carreiras têm mais ou menos a mesma dinâmica de geração de renda desde o começo: fez um trabalho/projeto, recebeu a remuneração. Não haverá uma diferença enorme entre o valor de sua hora de trabalho seja mais no começo ou mais ao final da carreira, que pode se estender indefinidamente, desde que o profissional se mantenha atualizado e tenha boa saúde.

RESPOSTA RÁPIDA: IDADE CERTA PARA SE APOSENTAR

Pergunta: Com qual idade deseja se aposentar financeiramente x o que a sua dinâmica profissional lhe permitirá, realisticamente falando?

Resposta: _____ anos.

Capítulo 2

RENDA MENSAL NECESSÁRIA: QUANTO GASTAR POR MÊS PARA VIVER BEM NA APOSENTADORIA?

"Salário" de aposentado

Esta é uma pergunta clássica: quanto é preciso para se viver bem lá na frente? Isso, é óbvio, dependerá de uma série de fatores da sua vida em particular, pois é necessário tentar imaginar suas circunstâncias específicas na terceira idade. Algumas dinâmicas financeiras, todos sabemos, se aplicam à maior parte dos aposentados: em geral, eles *gastam mais* com remédios, tratamentos avançados de saúde e mensalidades de plano, por exemplo. Também são comuns os gastos intensivos com a saúde de pais dependentes em idade bem avançada, incluindo o custo bastante alto de bons lares de repouso, já que os avanços da medicina têm esticado muito a expectativa de vida, e gostamos de cuidar dos nossos com carinho e dignidade.

Economia

A aposentadoria também nos leva naturalmente a gastar *menos* com diversos itens do orçamento. Seu estilo de vida muda — é provável que você fique mais caseiro, limitando as saídas para compras, idas a restaurantes, shows, teatro e até mesmo viagens. (Não digo que deva fazer isso, é apenas algo que observo empiricamente na vida de aposentados que tenho atendido no papel de orientador financeiro.) Dois carros na garagem já não serão necessários, talvez carro algum. A vaidade acaba diminuindo, pelo menos um pouquinho: menos roupas, sapatos, acessórios, menos "coisas", de modo em geral, lhe parecerão necessárias. Na aposentadoria, é provável que você já terá quitado todas as suas dívidas (é melhor mesmo fazê-lo), como financiamentos de casa e automóvel, consolidando seu patrimônio líquido. Se teve filhos, eles devem ter deixado o ninho, buscando a própria independência, e é melhor que o tenham feito. Tenho um espirituoso amigo que diz: "É tão triste quando os filhos deixam a casa da gente... Só é mais triste quando voltam famintos com os netos".

Valore$

Essas especulações são interessantes, mas você tem de respirar fundo e tentar estimar um valor concreto para a renda mensal necessária, "chutando" o melhor que puder, arriscando um número para fechar as contas do mês lá no futuro. Lembre-se: uma estimativa, mesmo que exposta à natural inexatidão das previsões futuras, já será de grande valia para o planejador comprometido com seu bem-estar e sua qualidade de vida na melhor idade.

Na ponta do lápis

Agora quero lhe apresentar uma das valiosas ferramentas de planejamento financeiro que integram a Metodologia PROFE® | Programa de Reeducação e Orientação Financeira e Empreendedora. Trata-se do **APOSENTÔMETRO®**, nossa **Calculadora de Renda e Reserva na**

Aposentadoria. Faça o download aberto e gratuito dessa ferramenta acessando a área PLANEJAR A APOSENTADORIA do site <**www.vamosprosperar.com.br**>. Essa calculadora foi desenvolvida com base no Microsoft Excel: você não precisa ter conhecimentos desse programa para utilizar o APOSENTÔMETRO®; basta tê-lo instalado em seu computador e seguir as instruções aqui apresentadas.

Sim, valore$!

Com o APOSENTÔMETRO® já será possível uma primeira visão organizada das suas futuras necessidades mensais de desembolsos na condição de aposentado. Esclareço que os campos vazios com *fundo branco* servem para inserir suas informações e encontram-se devidamente <u>*desprotegidos*</u>, sem a necessidade de *senha* alguma (mesmo que o programa eventualmente a peça na abertura do arquivo, ignore esse aviso). Já os campos com *fundo na cor cinza-claro* servem para mostrar os resultados das contas feitas pela calculadora, e estão devidamente <u>*protegidos*</u>, para que você não os apague por engano.

PREVIDÊNCIA PARTICULAR

APOSENTÔMETRO ®
CALCULADORA DE RENDA E RESERVA DE APOSENTADORIA

Planejar seu **projeto de previdência privada** é um exercício de futurologia: faça-o com responsabilidade, pois ele o ajudará muito a assegurar uma aposentadoria próspera!

MÊS	JANEIRO	ANO	2018	Ferramenta desbloqueada: insira suas informações nos campos em branco. Digite apenas os valores, sem cifrões ou pontuação.	*EXEMPLO*	*SEU ORÇAMENTO*
NOME DO(S) APOSENTADO(S): **FAMÍLIA SILVEIRA**						

	EXEMPLO	SEU ORÇAMENTO
GASTOS PESSOAIS (MARIDO + ESPOSA + ... + FILHOS / NETOS / PAIS IDOSOS)	$ 3.500	$ 2.700
GASTOS GERAIS DA FAMÍLIA (COLETIVOS)	$ 1.500	$ 1.800
GASTOS COM IMÓVEIS DE RESIDÊNCIA, DE LAZER OU PARA LOCAÇÃO	$ 2.000	$ 2.500
GASTOS COM AUTOMÓVEIS	$ 1.000	$ 1.000
PAGAMENTOS DE DÍVIDAS	$ 1.000	$ 1.000
PAGAMENTOS DE INVESTIMENTOS	$ 1.000	$ 1.000
ORÇAMENTO DOS **GASTOS MENSAIS SOMADOS** DA FAMÍLIA DO APOSENTADO	$ 10.000	$ 10.000
PARTE DESTES GASTOS QUE DESEJA GERAR A PARTIR DE SUA RESERVA (%)	80%	80%
(1) **RENDA MENSAL NECESSÁRIA** PARA BUSCAR EXTRAIR DA SUA RESERVA (R$)	$ 8.000	$ 8.000

SE DESEJA **MANTER SUA RESERVA** SEMPRE CORRIGIDA PELA INFLAÇÃO, **FAÇA X AQUI**:		
OU... SE CONCORDA EM **ZERAR SUA RESERVA** ATÉ O FIM DO PERÍODO ABAIXO, **X AQUI**:	X	X
PERÍODO DE RESGATES (RENDA) APÓS O QUAL SUA RESERVA FICARÁ ZERADA (ANOS)	30 anos	30 anos
RENTABILIDADE LÍQUIDA REAL MENSAL CONSEGUIDA NA APLICAÇÃO DA RESERVA (%)	0,15%	0,35%
(2) **RESERVA TOTAL NECESSÁRIA** PARA RENTABILIZAR E GERAR A RENDA NECESSÁRIA	$ 2.224.085	$ 1.635.934

RESERVA FINANCEIRA TOTAL JÁ ACUMULADA (PRONTA) PARA SUA APOSENTADORIA	$ 2.000.000	$ 2.000.000
RENDA MENSAL TEMPORÁRIA SÓ PELO PERÍODO PLANEJADO => ZERANDO A RESERVA	$ 7.194	$ 9.780
(3) **RENDA MENSAL VITALÍCIA** SACANDO SÓ A RENTABILIDADE => MANTENDO A RESERVA		

SMARTCALCS® *por* PROF. MARCOS SILVESTRE *para* www.coachingmoney.com.br
PROFE® Programa de Reeducação e Orientação Financeira e Empreendedora

Obs.: Esta ferramenta é uma *cortesia* do autor, de oferecimento gratuito. Não está inclusa no preço do livro, e sua disponibilização para *download* poderá ser suspensa a qualquer tempo, sem aviso prévio.

Calma!

A ferramenta é rica em informações; não tente absorvê-la de uma só vez, pois isso pode deixá-lo confuso. Vamos explorar o APOSENTÔMETRO® parte a parte, e você verá como ele pode lhe ser útil. Primeiro, dê uma olhada no cabeçalho, que é bem simples e autoexplicativo. Logo em seguida foque na ÁREA 1 de RENDA MENSAL NECESSÁRIA.

GASTOS PESSOAIS (MARIDO + ESPOSA + ... + FILHOS / NETOS / PAIS IDOSOS)	$ 3.500	$ 2.700
GASTOS GERAIS DA FAMÍLIA (COLETIVOS)	$ 1.500	$ 1.800
GASTOS COM IMÓVEIS DE RESIDÊNCIA, DE LAZER OU PARA LOCAÇÃO	$ 2.000	$ 2.500
GASTOS COM AUTOMÓVEIS	$ 1.000	$ 1.000
PAGAMENTOS DE DÍVIDAS	$ 1.000	$ 1.000
PAGAMENTOS DE INVESTIMENTOS	$ 1.000	$ 1.000
ORÇAMENTO DOS GASTOS MENSAIS SOMADOS DA FAMÍLIA DO APOSENTADO	$ 10.000	$ 10.000
PARTE DESTES GASTOS QUE DESEJA GERAR A PARTIR DE SUA RESERVA (%)	80%	80%
RENDA MENSAL NECESSÁRIA PARA BUSCAR EXTRAIR DA SUA RESERVA (R$)	$ 8.000	$ 8.000

(1)

Família Silveira

Repare que há uma coluna com fundo cinza, *EXEMPLO*, que ficará sempre anotada na ferramenta como ilustração, e outra coluna de fundo branco, *SEU ORÇAMENTO*, que virá branquinha na ferramenta que você baixar, pronta para ser preenchida com suas informações particulares. Para os propósitos deste livro, note que essa coluna lhe é apresentada já com alguns exemplos de valores da realidade projetada da Família Silveira, um casal de classe média brasileira que está montando seu projeto de previdência particular e, por já ter definido como 65 anos a idade certa para aposentar-se (hoje tanto ele quanto ela têm 35 anos), nessa próxima etapa deseja planejar a renda necessária lá na frente.

Blocos

Note que os **gastos mensais somados** são o resultado do agrupamento dos seguintes blocos de gastos da família: gastos pessoais (com cada membro da família) + gastos coletivos + gastos com imóveis + gastos com automóveis + pagamentos de dívidas + pagamentos de investimentos. Pense: quais serão os valores de cada um desses blocos na aposentadoria? Será também necessário definir qual a parte desses gastos que virá da aposentadoria pública (ou de uma fonte alternativa qualquer), e qual a *porcentagem* dessas despesas que você pretende tirar do seu projeto de previdência particular. Na ÁREA 1 de RENDA MENSAL NECESSÁRIA do nosso APOSENTÔMETRO®, vemos duas famílias que, com pequenas diferenças, chegaram ao mesmo valor de *renda mensal necessária*: R$ 8 mil (80% dos R$ 10 mil que deverão então ter disponíveis, considerando que outros R$ 2 mil virão do INSS). E o *seu* caso, como fica? Vamos lá: uma estimativa bem-intencionada é melhor do que um número negligenciado!

PARA ESTIMAR COM PRECISÃO OU APENAS DAR UM BOM "CHUTE"

Ferramenta

Antes que você saia correndo para comprar uma bola de cristal, deixe-me dizer: se quiser fazer um exercício mais profundo, mais detalhado, pesquisando e registrando linha por linha do seu futuro orçamento de aposentado, você poderá se valer das técnicas e ferramentas que lhe apresento na **Seção 3 | POUPANÇA: Economize e Garanta Sua Capacidade de Poupança Mensal** desta obra. Nessa parte do livro, eu lhe ensinarei como organizar o orçamento pessoal e familiar para ser capaz de economizar e poupar o valor exato do *esforço poupador & investidor mensal* que o levará a bater a meta da *reserva total necessária*, conseguindo acumulá-la totalmente até a idade certa escolhida. Exatamente o mesmo processo que lá recomendo, inclusive com o uso das mesmas ferramentas, pode ser adotado por você para estimar com boa precisão seus gastos mensais na condição de aposentado.

Regra de dedo: 2/3!

Na prática, após décadas atendendo famílias de diversas faixas de renda, observo uma regra empírica: para sustentar dignamente aposentados sem maiores dívidas e sem dependentes financeiros crônicos, serão suficientes cerca de 80% do salário de pico na ativa. Para sermos conservadores, desses 80% do valor cheio na ativa, cerca de 20% devem vir da pensão do INSS, enquanto outros 80% virão de seu projeto de previdência particular. Então temos: 80% × 80% = 64%. Isto dá aproximadamente 2/3 do seu salário de pico (arredonde para 70%, se preferir). Esse número é o que normalmente fará um aposentado ter dinheiro para pagar suas contas com tranquilidade na melhor idade, se desejar ter o mesmo padrão de consumo da ativa — embora já naturalmente adaptado ao momento de vida talvez mais sossegado e introspectivo da fase da aposentadoria. Entenda-me: não proponho esses 2/3 (ou 70%) como uma regra universal. Trata-se apenas de mais um número interessante para ajudá-lo a dar um "chute" responsável de *renda mensal necessária*.

RESPOSTA RÁPIDA: RENDA MENSAL NECESSÁRIA

Pergunta: Quanto você terá de gastar por mês para viver bem na fase da aposentadoria?

Resposta: R$ _____ / mês

Capítulo 3

RESERVA TOTAL NECESSÁRIA: QUANTO ACUMULAR PARA PODER DERIVAR A RENDA NECESSÁRIA?

Bolada

Uma vez tendo chegado ao melhor número projetado possível para sua *renda mensal necessária*, é hora de voltarmos nossa atenção para a ÁREA 2 de RESERVA TOTAL NECESSÁRIA do APOSENTÔMETRO®. Para calcular esse número, que corresponderá a seu grande desafio de acumulação nos próximos anos (o grande "troféu financeiro" da sua aposentadoria!), você terá de fazer uma escolha entre as seguintes alternativas sobre o *uso da reserva acumulada*, com claros prós e contras financeiros para cada lado:

- **Manter sua reserva** sempre corrigida pela inflação até o final da vida, deixando-a intacta como herança aos sucessores, e derivar dela a renda mensal necessária **apenas consumindo os juros reais** gerados através de sua aplicação no mercado. Trata-se de viver apenas do "dinheiro novo" que sua reserva vai produzindo a cada mês.

- **Resgatar um valor mensal maior**, mas concordando que sua fortuna vá se extinguindo aos poucos, até **zerar sua reserva** após um período planejado de anos que coincida com sua provável expectativa de vida ao aposentar-se (incluindo aí alguma margem de segurança). Você vai pagando suas contas de aposentado, e o que sobrar após sua morte ficará para eventuais herdeiros.

VIVER DO PRINCIPAL + JUROS: RENDA TEMPORÁRIA, PORÉM MAIOR

Resgate maior

Neste segundo caso, você estará consumindo todos os meses, além dos *juros reais* (acima da inflação) produzidos pela aplicação da reserva, também *uma parte principal* da aplicação. Por isso o resgate viabilizado é naturalmente *maior*, e por isso a reserva um dia *acabará*. Veja essas contas de RESERVA TOTAL NECESSÁRIA na ÁREA 2:

SE DESEJA **MANTER SUA RESERVA** SEMPRE CORRIGIDA PELA INFLAÇÃO, **FAÇA X AQUI**:		
OU... SE CONCORDA EM **ZERAR SUA RESERVA** ATÉ O FIM DO PERÍODO ABAIXO, **X AQUI**:	X	X
PERÍODO DE RESGATES (RENDA) APÓS O QUAL SUA RESERVA FICARÁ ZERADA (ANOS)	30 anos	30 anos
RENTABILIDADE LÍQUIDA REAL MENSAL CONSEGUIDA NA APLICAÇÃO DA RESERVA (%)	0,15%	0,35%
RESERVA TOTAL NECESSÁRIA PARA RENTABILIZAR E GERAR A RENDA NECESSÁRIA	$ 2.224.085	$ 1.635.934

Na ponta do lápis

A coluna de fundo cinza mostra a Família Exemplo, com renda mensal necessária de R$ 8 mil, exatamente como a Família Silveira, apresentada na coluna em branco. Em ambos os casos, nessa simulação optamos por *zerar a reserva* no *período de trinta anos*, ou seja, fazer resgates mensais de R$ 8 mil, corrigidos mensalmente pela inflação, e fazê-lo por 360 meses, até não poder resgatar mais, porque a reserva terá se extinguido. Você faria essa opção? Sim, ela embute algum risco, mas, desde que você coloque uma margem razoável de segurança em termos de prazo para usufruir da reserva, não chega a ser irresponsável. Além disso, melhora bem a renda conseguida a partir de um mesmo valor de reserva ou, simetricamente, permite uma determinada renda a partir de uma reserva bem menor (e menos sacrificada para acumular).

Rentabilidade

Repare agora em uma diferença importante entre as duas famílias: para a Família Exemplo, imaginamos o investimento dos recursos em uma boa *aplicação conservadora*, com *rentabilidade líquida real mensal* de RLRM = 0,15% (já descontados taxas e impostos, e já coberta a inflação). Para a Família Silveira, imaginamos a alocação da reserva em uma excelente *aplicação dinâmica*, pagando mais: RLRM = 0,35%. Parece uma diferença discreta de rentabilidade, de apenas 0,20% ao mês (= 0,35% dinâmica − 0,15% conservadora), mas note que esse discreto diferencial tem um enorme impacto na *reserva total necessária*. Ela terá de ser bem mais alta (R$ 2,2 milhões) na aplicação conservadora para pagar exatamente a mesma renda (R$ 8 mil/mês) que uma reserva bem menor (R$ 1,6 milhão) conseguirá suportar na aplicação dinâmica. Estamos falando de R$ 800 mil ou 27% a menos de reserva!

Dinamismo!

Trataremos em detalhes das melhores aplicações para seu projeto de previdência particular nas Seções 4 e 5 deste livro, mas fica registrada aqui a conveniência de, podendo e querendo, privilegiar investimentos mais dinâmicos.

Caminho inverso

Na ÁREA 3 do APOSENTÔMETRO®, que trata da RENDA MENSAL: VITALÍCIA × TEMPORÁRIA, você pode fazer a simulação da situação contrária, partindo de um valor de reserva pronta, e buscando então a renda projetada que dela poderá extrair. Imaginando um valor de reserva disponível de R$ 2 milhões (você poderá simular o valor que desejar), a ferramenta calcula que a *renda mensal temporária*, resgatável por trinta anos (prazo escolhido na ÁREA 2), será de R$ 7,2 mil na aplicação *conservadora* e de R$ 9,8 mil na aplicação *dinâmica* (portanto 36% maior). Mais uma vez, a vantagem dos bons investimentos dinâmicos mostra sua inegável força financeira.

RESERVA FINANCEIRA TOTAL JÁ ACUMULADA (PRONTA) PARA SUA APOSENTADORIA	$ 2.000.000	$ 2.000.000
RENDA MENSAL TEMPORÁRIA SÓ PELO PERÍODO PLANEJADO => ZERANDO A RESERVA	$ 7.194	$ 9.780
RENDA MENSAL VITALÍCIA SACANDO SÓ A RENTABILIDADE => MANTENDO A RESERVA		

VIVER SÓ DE JUROS REAIS: RENDA VITALÍCIA, PORÉM MENOR

Manter sua reserva

Agora vamos pensar naquele outro caminho. Nele, o aposentado pretende conservar a reserva devidamente corrigida pela inflação — até o final da vida —, deixando-a intacta como herança, e nos anos todos da aposentadoria extrair dela a renda mensal necessária **apenas consumindo os juros reais** produzidos por sua aplicação no mercado. Veja estas contas de RESERVA TOTAL NECESSÁRIA na ÁREA 2:

2. PLANEJAMENTO

SE DESEJA **MANTER SUA RESERVA** SEMPRE CORRIGIDA PELA INFLAÇÃO, **FAÇA X AQUI**:	X	X
OU... SE CONCORDA EM **ZERAR SUA RESERVA** ATÉ O FIM DO PERÍODO ABAIXO, **X AQUI**:		
PERÍODO DE RESGATES (RENDA) APÓS O QUAL SUA RESERVA FICARÁ ZERADA (**ANOS**)		
RENTABILIDADE LÍQUIDA REAL MENSAL CONSEGUIDA NA APLICAÇÃO DA RESERVA (**%**)	0,15%	0,35%
② RESERVA TOTAL NECESSÁRIA PARA RENTABILIZAR E GERAR A RENDA NECESSÁRIA	$ 5.333.333	$ 2.285.714

Uau!

Duas constatações: a reserva quase dobrou (ou mais que isso), e a diferença de valor entre um caso e outro ficou bem mais gritante: para a Família Exemplo, que investe os recursos na *aplicação conservadora*, com *rentabilidade líquida real mensal* de RLRM = 0,15%, a reserva foi para R$ 5,3 milhões. Para a Família Silveira, no entanto, com uma *aplicação dinâmica* (ou um conjunto delas), que paga RLRM = 0,35%, a reserva ficou em R$ 2,3 milhões. Estamos falando de R$ 3 milhões ou 57% a menos de reserva! O aprendizado: neste caminho, a escolha das aplicações (e suas respectivas rentabilidades) tem impacto ainda mais marcante!

Meia-volta

Isso também se reflete no caminho inverso, partindo de um valor de reserva já acumulada e calculando então a renda que dela se poderá tirar. Na ÁREA 3 do APOSENTÔMETRO®, que trata da RENDA MENSAL: VITALÍCIA × TEMPORÁRIA, imaginando um valor de reserva disponível de R$ 2 milhões, a ferramenta calcula que a *renda mensal <u>vitalícia</u>* será de R$ 3 mil na aplicação *conservadora* e de R$ 7 mil na aplicação *dinâmica* (portanto, 133% maior)! Quem optar por esta via simplesmente *terá de* buscar bons investimentos dinâmicos.

	RESERVA FINANCEIRA TOTAL JÁ ACUMULADA (PRONTA) PARA SUA APOSENTADORIA	$ 2.000.000	$ 2.000.000
3	**RENDA MENSAL TEMPORÁRIA** SÓ PELO PERÍODO PLANEJADO => **ZERANDO A RESERVA**		
	RENDA MENSAL VITALÍCIA SACANDO SÓ A RENTABILIDADE => **MANTENDO A RESERVA**	$ 3.000	$ 7.000

SEGURO DE VIDA: COBERTURA TOTAL NECESSÁRIA

Seguro de vida

Na maior parte das vezes, o desafio de traçar a *reserva total necessária* para a *aposentadoria* se mescla com o desafio de calcular a *cobertura total necessária* para um *bom seguro de vida*. Uma parte da dinâmica para chegar a esses dois números é até parecida. Para compreender o processo, veja esta outra interessante ferramenta de planejamento financeiro da Metodologia PROFE® | Programa de Reeducação e Orientação Financeira e Empreendedora: o **SEGURÔMETRO® | VIDA**, nossa **Calculadora de Cobertura de Seguro de Vida**. Faça o download aberto e gratuito dessa ferramenta acessando a área INVESTIR DIREITO do site **www.vamosprosperar.com.br**. Essa calculadora também foi desenvolvida com base no Microsoft Excel, e você não precisa ter conhecimentos do programa para utilizar o SEGURÔMETRO® | VIDA; basta tê-lo instalado em seu computador e seguir as instruções aqui apresentadas.

Obs.: Esta ferramenta é uma *cortesia* do autor, de oferecimento gratuito. Não está inclusa no preço do livro, e sua disponibilização para download poderá ser suspensa a qualquer tempo, sem aviso prévio.

2. PLANEJAMENTO

SEGURÔMETRO | VIDA ®
CALCULADORA DE COBERTURA DE SEGURO DE VIDA

Planejar seu **seguro de vida** é um exercício de futurologia, mas faça-o com responsabilidade, pois o ajudará muito a assegurar tranquilidade financeira para você e seus entes queridos!

MÊS	JANEIRO	ANO	2018	Ferramenta desbloqueada: insira suas informações nos campos em branco. Digite apenas os valores, sem cifrões ou pontuação.	EXEMPLO	SEU ORÇAMENTO
NOME DO(S) APOSENTADO(S): **FAMÍLIA SILVEIRA**						

		EXEMPLO	SEU ORÇAMENTO
GASTOS MENSAIS	GASTOS PESSOAIS (MARIDO + ESPOSA + ... + DEPENDENTES)	$ 3.000	$ 4.800
	GASTOS GERAIS DA FAMÍLIA (COLETIVOS)	$ 2.500	$ 3.400
	GASTOS COM IMÓVEIS DE RESIDÊNCIA, DE LAZER OU PARA LOCAÇÃO	$ 3.200	$ 2.000
	GASTOS COM AUTOMÓVEIS	$ 1.600	$ 800
	PAGAMENTOS DE DÍVIDAS	$ 3.200	$ 2.500
	ORÇAMENTO DOS **GASTOS MENSAIS SOMADOS** DA FAMÍLIA DO SEGURADO	$ 13.500	$ 13.500
	PERÍODO DE ANOS PARA OS QUAIS SE DESEJA USAR A **COBERTURA DO SEGURO**	5 ANOS	4 ANOS
①	ORÇAMENTO DA **COBERTURA PARA OS GASTOS MENSAIS** DA FAMÍLIA	$ 810.000	$ 648.000

		EXEMPLO	SEU ORÇAMENTO
PROJETOS FUTUROS	RESERVA PARA QUITAÇÃO DE EVENTUAIS **DÍVIDAS NÃO SEGURADAS**	$ 80.000	$ 40.000
	RESERVA PARA FUTURA **FACULDADE DE FILHO(S)**	$ 240.000	$ 120.000
	RESERVA PARA FUTURO **CASAMENTO DE FILHO(S)**	$ 160.000	$ 80.000
	RESERVA PARA CUSTAS DE **INVENTÁRIO**	$ 100.000	$ 50.000
②	ORÇAMENTO DA **COBERTURA PARA PROJETOS FUTUROS** DA FAMÍLIA	$ 580.000	$ 290.000

③	ORÇAMENTO DA **COBERTURA TOTAL NECESSÁRIA** EM SEU SEGURO DE VIDA	$ 1.390.000	$ 938.000

SMARTCALCS® *por* PROF. MARCOS SILVESTRE *para* www.coachingmoney.com.br
PROFE® Programa de Reeducação e Orientação Financeira e Empreendedora

PREVIDÊNCIA PARTICULAR

Gastos mensais

O exercício aqui é, no princípio, muito parecido com o anterior. Você tentará calcular a soma da cobertura necessária para bancar todos os *gastos mensais somados* (presentes) dos seus dependentes financeiros por um período de X anos planejados, na infeliz (mas às vezes inevitável) hipótese de sua morte. Veja nossa simulação na ÁREA 1 de COBERTURA PARA OS GASTOS MENSAIS do SEGURÔMETRO® | VIDA:

GASTOS MENSAIS	GASTOS PESSOAIS (MARIDO + ESPOSA + ... + DEPENDENTES)	$ 3.000	$ 4.800
	GASTOS GERAIS DA FAMÍLIA (COLETIVOS)	$ 2.500	$ 3.400
	GASTOS COM IMÓVEIS DE RESIDÊNCIA, DE LAZER OU PARA LOCAÇÃO	$ 3.200	$ 2.000
	GASTOS COM AUTOMÓVEIS	$ 1.600	$ 800
	PAGAMENTOS DE DÍVIDAS	$ 3.200	$ 2.500
	ORÇAMENTO DOS **GASTOS MENSAIS SOMADOS** DA FAMÍLIA DO SEGURADO	$ 13.500	$ 13.500
	PERÍODO DE ANOS PARA OS QUAIS SE DESEJA USAR A **COBERTURA DO SEGURO**	5 ANOS	4 ANOS
①	ORÇAMENTO DA **COBERTURA PARA OS GASTOS MENSAIS** DA FAMÍLIA	$ 810.000	$ 648.000

Aditivos

Em seguida, você terá de orçar *projetos especiais* com os quais gostaria de deixar seus entes queridos protegidos no caso da sua ausência. Essa dimensão pode variar muito de família para família. Note que a Família Exemplo, tendo dois filhos, pretende ter uma cobertura dobrada (R$ 240 mil) para a *faculdade* dos filhos, comparativamente à Família Silveira, que tem um filho (R$ 120 mil). A mesma realidade se reflete no valor da cobertura para o futuro *casamento* dos filhos (R$ 160 mil × R$ 80 mil). Veja a simulação na ÁREA 2 de COBERTURA PARA PROJETOS FUTUROS do SEGURÔMETRO® | VIDA:

2. PLANEJAMENTO

PROJETOS FUTUROS	RESERVA PARA QUITAÇÃO DE EVENTUAIS **DÍVIDAS NÃO SEGURADAS**	$ 80.000	$ 40.000
	RESERVA PARA FUTURA **FACULDADE DE FILHO(S)**	$ 240.000	$ 120.000
	RESERVA PARA FUTURO **CASAMENTO DE FILHO(S)**	$ 160.000	$ 80.000
	RESERVA PARA CUSTAS DE **INVENTÁRIO**	$ 100.000	$ 50.000
2	ORÇAMENTO DA **COBERTURA PARA PROJETOS FUTUROS** DA FAMÍLIA	$ 580.000	$ 290.000

Cobertura

Somando então a cobertura para os *gastos mensais* da família por X anos com a cobertura para *projetos futuros*, chegamos à *cobertura total necessária* para seu seguro de vida. Com esse valor em mãos você deverá procurar um corretor de seguros para providenciar sua apólice, que cobrirá sua família em caso de sua morte natural ou acidental, ou cobrirá você mesmo no caso de invalidez permanente. Talvez você já faça parte de uma apólice coletiva de seguro de vida da empresa na qual trabalha, mas precisará se informar sobre os valores e as hipóteses de cobertura. Isso porque seguro de vida a gente não deve contratar de qualquer forma apenas para deixar a consciência leve, mas, sim, de maneira séria e bem planejada, para aliviar as finanças dos que ficarem quando partirmos. Veja nossa simulação na ÁREA 3 de COBERTURA TOTAL NECESSÁRIA do SEGURÔMETRO® | VIDA:

3	ORÇAMENTO DA **COBERTURA TOTAL NECESSÁRIA** EM SEU SEGURO DE VIDA	$ 1.390.000	$ 938.000

SEGURO DE VIDA × PLANOS DE PREVIDÊNCIA

Planejamento conjunto

Embora este livro seja um guia prático focado na questão da preparação para a aposentadoria, trago à tona esta questão de seu seguro de vida porque recomendo que você aborde em paralelo essas duas importantes dimensões de planejamento de sua vida financeira: o presente imediato × o futuro distante. Até porque, além de seu plano de previdência privada, caso escolha esse tipo de aplicação para assegurar sua tranquilidade financeira lá na frente, você poderá também contratar benefícios adicionais de *proteção financeira* para você e sua família no caso de morte ou invalidez durante os anos em que estiver aportando recursos em seu plano. Para contratar essas coberturas, o participante do plano fará contribuições adicionais, que lhe serão cobradas junto aos aportes mensais do próprio plano. Entre as possibilidades de *benefícios de risco* estão o *pecúlio*, importância em dinheiro paga aos beneficiários do titular do plano no caso de seu falecimento, a transferência da pensão vitalícia ao *cônjuge*, ou ainda a pensão paga aos *filhos menores de 21 anos* no falecimento do titular do plano.

Custo-benefício

Naturalmente, essas coberturas têm *custos* extras, mas geram *benefícios* adicionais que fazem muito sentido para a proteção de sua família na sua eventual ausência, coisa com a qual nunca contamos, mas que sempre pode acontecer (e aí será melhor ter sido previdente)! Informe-se com a seguradora na qual pretende contratar seu plano de previdência e, se tiver condições financeiras para tal, adquira essa tranquilidade adicional para seu projeto de previdência particular. Apenas tenha o cuidado de fazer os cálculos de forma ajustada, como lhe recomendo aqui, para não contratar coberturas em duplicidade. Esse erro de planejamento levaria você a pagar um preço desnecessário por uma proteção exageradamente elevada, o que achataria sua renda disponível no presente. Por outro lado, não vá errar a mão e contratar uma cobertura "tímida" demais.

Vida inteira

O seguro de vida *tradicional* funciona assim: a cada ano você contrata uma nova apólice, com um novo valor de benefício mensal, cada vez mais alto para um mesmo valor de cobertura, até que vá ficando idoso demais para conseguir renovar sua cobertura, uma vez que, é lógico, o risco de morte se eleva com o avanço da idade, e a seguradora não quer se expor a perdas indevidas. Já existe no mercado, no entanto, a possibilidade de contratar o chamado seguro de *vida inteira*. Nesse caso, você acertará com a seguradora uma determinada *idade-meta* (que pode coincidir com a *idade certa* para sua aposentadoria), até a qual pagará, desde agora, um certo prêmio mensal, como depósitos que faria em um plano de previdência ou em outra aplicação financeira qualquer. Durante todo esse tempo até atingir a idade-meta, você poderá contar com a cobertura especificada na apólice, e após essa data não precisará pagar mais nada para continuar com essa cobertura valendo até o final da sua vida. Isso é proporcionalmente mais caro, porém bem mais interessante do que contar com um seguro tradicional, no qual a apólice vai encarecendo progressivamente até ficar completamente inviável. Outra vantagem de elevado apelo no seguro resgatável: se preferir, você poderá fazer *resgates ainda em vida*.

Complementares, não iguais

Algumas pessoas acabam confundindo o seguro de *vida inteira* com o plano de previdência privada. Afinal de contas, o princípio básico é o mesmo: durante uma determinada quantidade de anos paga-se um valor mensal, para se ter uma reserva acumulada ao final do período de contribuição. A principal diferença é que, no plano de previdência, a menos que você contrate como complemento um seguro de vida, seu projeto de acumulação será interrompido imediatamente no caso do seu falecimento. No seguro de vida inteira, por outro lado, a qualquer momento, desde já, seus dependentes contarão com a cobertura total contratada. Mas... justamente para poder lhe oferecer o benefício adicional do resgate em vida, quando você vai realizar o sonhado saque da reserva, a seguradora lhe aplica um redutor de cálculo conforme suas tábuas atuariais, de forma que você acaba recebendo bem menos do que se tivesse pago as mesmas mensalidades durante o mesmo período para um bom plano de previdência. Por isso, o ideal não é exatamente *substituir* um plano de previdência privada por um seguro de vida inteira, mas fazer um planejamento conjunto, em que essas duas boas soluções financeiras sejam contratadas de forma complementar uma à outra.

RESPOSTA RÁPIDA: RESERVA TOTAL NECESSÁRIA

Pergunta: Quanto você terá de acumular para poder derivar a renda necessária para uma aposentadoria digna e confortável?

Resposta: R$ _____ .

Capítulo 4

ESFORÇO POUPADOR & INVESTIDOR MENSAL: QUANTO POUPAR & APLICAR ATÉ A RESERVA NECESSÁRIA?

Quanto por mês?

Tendo em mãos a *reserva total necessária* corretamente calculada, agora é o momento de encontrar o *esforço poupador & investidor mensal necessário* para acumulá-la nos meses contidos entre *hoje* e a *idade certa* planejada para sua aposentadoria.

Na ponta do lápis

Chegou a hora de lhe apresentar outra ferramenta útil de planejamento financeiro da Metodologia PROFE® | Programa de Reeducação e Orientação Financeira e Empreendedora: o **INVESTÔMETRO®**, nossa **Calculadora de Investimentos mais Dinâmicos**. Faça o download aberto e gratuito dessa ferramenta acessando a área INVESTIR DIREITO do site **www.vamosprosperar.com.br**. Essa calculadora foi desenvolvida com base no Microsoft Excel, mas você não precisa ter conhecimentos desse programa para utilizar o INVESTÔMETRO®; basta tê-lo instalado em seu computador e seguir as instruções aqui apresentadas.

PREVIDÊNCIA PARTICULAR

INVESTÔMETRO ®

CALCULADORA DE INVESTIMENTOS MAIS DINÂMICOS

Preencha os campos em branco abaixo, para ver os resultados nos campos em cinza.
Lembre-se: quando o valor for R$ 0 ou 0%, mesmo assim você terá que digitá-lo.

	SEU SONHO:	RESERVA TOTAL NECESSÁRIA PARA APOSENTADORIA PRÓSPERA	DATA DA CONQUISTA:	2018 A 2048
PLANO DE INVESTIMENTOS		VALOR DE TABELA **ATUAL** DO SEU SONHO (VALOR A MERCADO)	$ 1.000.000	ESSE VALOR É REALISTA?
		POSSÍVEL **DESCONTO** PERCENTUAL SE TIVER PARA QUITAR À VISTA		
		RESERVA FINANCEIRA QUE VOCÊ JÁ TENHA E POSSA USAR (PV)		TEM MESMO ESSE VALOR?
		PRAZO PLANEJADO (MESES) PARA REALIZAR SEU SONHO (n)	360 MESES	30,0 ANOS
		TAXA DE **INFLAÇÃO** (ANUAL) QUE ENCARECERÁ O SEU SONHO (i)	4,90% / ANO	0,40% / MÊS
		VALOR DE TABELA DO SONHO **CORRIGIDO** PARA O FINAL DO PRAZO (FV)	$ 4.200.149	PROJETADO PARA A ÉPOCA

VAMOS CALCULAR A MENSALIDADE NECESSÁRIA, PARTINDO DA RL<u>N</u>M DE CADA APLICAÇÃO FINANCEIRA:

			RLNM	RLRM
1 TRADICIONAL	RENTABILIDADE LÍQUIDA (NOMINAL X REAL) MENSAL: **RLNM** X **RLRM** (i)		0,55% NOM.	0,15% REAL
	ESFORÇO POUPADOR & INVESTIDOR = MENSALIDADE FIXA (PMT)	$ -3.724		O QUE VOCÊ DEVE APLICAR
	SEU CUSTO (CORRIGIDO PARA O FUTURO) = ESFORÇO DO SEU **TRABALHO**	$ -2.983.356		71% DO TOTAL
	GANHOS DE JUROS + DESCONTO À VISTA = ESFORÇO DO SEU **DINHEIRO**	$ 1.216.792		29% DO TOTAL
2 DINÂMICA	RENTABILIDADE LÍQUIDA (NOMINAL X REAL) MENSAL: **RLNM** X **RLRM** (i)		0,75% NOM.	0,35% REAL
	ESFORÇO POUPADOR & INVESTIDOR = MENSALIDADE FIXA (PMT)	$ -2.294		O QUE VOCÊ DEVE APLICAR
	SEU CUSTO (CORRIGIDO PARA O FUTURO) = ESFORÇO DO SEU **TRABALHO**	$ -1.838.043		44% DO TOTAL
	GANHOS DE JUROS + DESCONTO À VISTA = ESFORÇO DO SEU **DINHEIRO**	$ 2.362.106		56% DO TOTAL
3 SUPERDINÂMICA	RENTABILIDADE LÍQUIDA (NOMINAL X REAL) MENSAL: **RLNM** X **RLRM** (i)		0,95% NOM.	0,55% REAL
	ESFORÇO POUPADOR & INVESTIDOR = MENSALIDADE FIXA (PMT)	$ -1.372		O QUE VOCÊ DEVE APLICAR
	SEU CUSTO (CORRIGIDO PARA O FUTURO) = ESFORÇO DO SEU **TRABALHO**	$ -1.099.294		26% DO TOTAL
	GANHOS DE JUROS + DESCONTO À VISTA = ESFORÇO DO SEU **DINHEIRO**	$ 3.100.854		74% DO TOTAL

OUTRA OPÇÃO: CALCULAR A MENSALIDADE SÓ PELA RL<u>R</u>M (i), E CORRIGI-LA MENSALMENTE PELA INFLAÇÃO:

1	*TRADICIONAL*: MENSALIDADE A CORRIGIR (PMT)	$ -2.094	-44%
2	*DINÂMICA*: MENSALIDADE A CORRIGIR (PMT)	$ -1.388	-40%
3	*SUPERDINÂMICA*: MENSALIDADE A CORRIGIR (PMT)	$ -885	-35%

SMARTCALCS® por PROF. MARCOS SILVESTRE para www.coachingmoney.com.br
PROFE® Programa de Reeducação e Orientação Financeira e Empreendedora

Obs.: Esta ferramenta é uma *cortesia* do autor, de oferecimento gratuito. Não está inclusa no preço do livro, e sua disponibilização para download poderá ser suspensa a qualquer tempo, sem aviso prévio.

Muita calma!

Torno a propor que você não tente compreender esta ferramenta de uma só fez, sob pena de confundir-se: vamos explorá-la parte por parte, e você verá como ela pode ser simples de usar, e muito útil.

Planos para sonhos

O INVESTÔMETRO® foi desenvolvido para ajudar você a planejar *qualquer grande sonho* envolvendo a acumulação de uma certa reserva financeira para um momento futuro, inclusive (e muito especialmente!) sua *aposentadoria*. No *cabeçalho* da ferramenta, anote seu sonho, a data da conquista, e forneça as demais informações solicitadas. Em nosso exemplo, vamos imaginar que o APOSENTÔMETRO® tenha lhe sugerido acumular uma reserva com *valor atual* de R$ 1 milhão (um milhão de reais em valores de hoje), partindo de uma *reserva existente* igual a zero (deixe a linha em branco). A linha de *possível desconto* só faz sentido no caso de um plano para a compra à vista e com desconto de um bem; não se aplica ao seu objetivo de acumular para a aposentadoria (por isso, deixe-a também em branco). O *prazo planejado* é de 360 meses (trinta anos), e a *inflação estimada* é de 4,90% ao ano, um valor bastante adequado para projeções de longo prazo, como essa.

PREVIDÊNCIA PARTICULAR

SEU SONHO:	RESERVA TOTAL NECESSÁRIA PARA APOSENTADORIA PRÓSPERA	DATA DA CONQUISTA:	2018 A 2048
PLANO DE INVESTIMENTOS	VALOR DE TABELA **ATUAL** DO SEU SONHO (VALOR A MERCADO)	$ 1.000.000	ESSE VALOR É REALISTA?
	POSSÍVEL **DESCONTO** PERCENTUAL SE TIVER PARA QUITAR À VISTA		
	RESERVA FINANCEIRA QUE VOCÊ JÁ TENHA E POSSA USAR (**PV**)		TEM MESMO ESSE VALOR?
	PRAZO PLANEJADO (MESES) PARA REALIZAR SEU SONHO (**n**)	360 MESES	30,0 ANOS
	TAXA DE **INFLAÇÃO** (ANUAL) QUE ENCARECERÁ O SEU SONHO (**i**)	4,90% / ANO	0,40% / MÊS
	VALOR DE TABELA DO SONHO **CORRIGIDO** PARA O FINAL DO PRAZO (**FV**)	$ 4.200.149	PROJETADO PARA A ÉPOCA

Desafio

Ao receber essas informações, o INVESTÔMETRO® imediatamente nos informa que o valor corrigido da *reserva total necessária* a ser acumulada para sua aposentadoria será de R$ 4,2 milhões, que terão daqui a trinta anos o mesmo poder de compra desse R$ 1 milhão planejado em dinheiro hoje. Agora, a análise mais interessante está por vir: as comparações entre as *diferentes opções* de aplicações financeiras. Em cada opção, os ganhos obtidos com juros sobre juros acumulados no tempo serão diferentes, fazendo com que seja também diferente o *esforço poupador & investidor* (tanto *mensal* quanto *total*) que você terá de empreender, conforme o teor de dinamismo da aplicação específica que escolher.

TRADICIONAIS × DINÂMICAS × SUPERDINÂMICAS: QUANTO PAGA CADA CATEGORIA DE APLICAÇÃO

Caminhos alternativos

Existem basicamente *três grandes grupos* de boas aplicações financeiras acessíveis para quem deseja ativar seu projeto de previdência particular:

- **TRADICIONAIS.** Caderneta de Poupança e similares, como Fundos de Investimento Financeiro (FIFs) conservadores (FIFs dos tipos DI ou Renda Fixa), CDBs, LCAs e LCIs (de pequeno valor), ou ainda planos de previdência privada conservadores.

- **DINÂMICAS.** Títulos da Dívida Pública Brasileira via Tesouro Direto (em condições normais de mercado), ou também planos de previdência privada de moderados a dinâmicos. Bons fundos de ações e multimercados podem se encaixar aqui, desde que tenham valor mínimo de entrada e de movimentação baixos, para serem acessíveis (o que é bem raro).

- **SUPERDINÂMICAS.** Títulos da Dívida Pública Brasileira via Tesouro Direto em condições "turbinadas" de mercado (ou seja, com juros básicos especialmente elevados, assim como observamos na maior parte dos últimos vinte anos), e ações de boas empresas brasileiras (compradas aos poucos, progressivamente em uma estratégia mais construtora do que especulativa), ou ainda planos de previdência privada mais arrojados.

O que irá variar de uma dessas aplicações para outra é a *rentabilidade líquida nominal mensal* (RLNM) que pode ser obtida em cada uma delas. A seguir, apresento números bem razoáveis de se esperar para o longo ou longuíssimo prazo (não são números "garantidos", mas estimados com boa dose de realismo econômico):

- **Tradicionais**: 0,55% ao mês.
- **Dinâmicas**: 0,75% ao mês.
- **Superdinâmicas**: 0,95% ao mês.

Só isso?

Atente para o seguinte: numa rápida olhada, tem-se a impressão de que a diferença de uma taxa para outra é pequena — só 0,20 ponto percentual. Você deve estar pensando: por que eu deveria dar importância a um "mísero" 0,20%? Acontece que quando os juros sobre juros (juros compostos) são colocados para trabalhar a seu favor de forma acumulada no tempo, uma pequena diferença de rentabilidade *mensal* pode acabar representando um tremendo acréscimo nos ganhos *acumulados* com o passar dos meses e anos. Da mesma maneira como você adiciona pequenas pitadas de fermento para fazer um bolo crescer, assim funciona o discreto diferencial de taxas de rentabilidade líquida entre as diferentes opções de aplicações financeiras acessíveis. Então, com a ajuda do INVESTÔMETRO®, vamos fazer as contas certas, conforme cada modalidade de aplicação escolhida.

Na ponta do lápis

Na ÁREA 1 | Aplicação TRADICIONAL do INVESTÔMETRO® (por exemplo, Caderneta de Poupança ou plano de previdência privada conservador a moderado), considerando a *rentabilidade líquida nominal mensal* de RLNM = 0,55%, muito provável de se conseguir nas aplicações tradicionais que estudaremos na próxima sessão deste livro:

1		RLNM 0,55% NOM.	RLRM 0,15% REAL
TRADICIONAL	RENTABILIDADE LÍQUIDA (NOMINAL X REAL) MENSAL: RL*N*M X RL*R*M (i)		
	ESFORÇO POUPADOR & INVESTIDOR = MENSALIDADE FIXA (PMT)	$ -3.724	O QUE VOCÊ DEVE APLICAR
	SEU CUSTO (CORRIGIDO PARA O FUTURO) = ESFORÇO DO SEU **TRABALHO**	$ -2.983.356	71% DO TOTAL
	GANHOS DE JUROS + DESCONTO À VISTA = ESFORÇO DO SEU **DINHEIRO**	$ 1.216.792	29% DO TOTAL

- Esforço poupador & investidor = mensalidade
 R$ 3.724

- Seu custo (corrigido para o futuro) = esforço do seu *trabalho*
 R$ 3 milhões (71% da meta de acumulação da reserva)

- Ganho de juros = esforço do *dinheiro*
 R$ 1,2 milhão (29% da reserva total necessária)

- **Resultado do esforço total:**
 você = **71%** × *seu dinheiro* **29%**

2. PLANEJAMENTO

Na ÁREA 2 | Aplicação DINÂMICA (por exemplo, títulos do Tesouro Direto ou plano de previdência privada moderado a dinâmico), considerando a *rentabilidade líquida nominal mensal* de RLNM = 0,75%, muito possível de se obter nas aplicações dinâmicas que abordaremos na sequência do livro:

2 DINÂMICA	RENTABILIDADE LÍQUIDA (NOMINAL X REAL) MENSAL: **RLNM** X **RLRM** (i)	RLNM 0,75% NOM.	RLRM 0,35% REAL
	ESFORÇO POUPADOR & INVESTIDOR = MENSALIDADE FIXA (PMT)	$ -2.294	O QUE VOCÊ DEVE APLICAR
	SEU CUSTO (CORRIGIDO PARA O FUTURO) = ESFORÇO DO SEU **TRABALHO**	$ -1.838.043	44% DO TOTAL
	GANHOS DE JUROS + DESCONTO À VISTA = ESFORÇO DO SEU **DINHEIRO**	$ 2.362.106	56% DO TOTAL

- Esforço poupador & investidor = mensalidade
  R$ 2.294

- Seu custo (corrigido para o futuro) = esforço do seu *trabalho*
  R$ 1,8 milhão (44% da meta de acumulação da reserva)

- Ganho de juros = esforço do *dinheiro*
  R$ 2,4 milhões (56% da reserva total necessária)

- **Resultado do esforço total:**
  você = **44%** × *seu dinheiro* **56%**

Grande vantagem!

Já neste outro caso, considerando a aplicação *dinâmica*, o esforço do seu dinheiro subirá de 29% para 56% (mais da metade do esforço total!), uma grande diferença para se conseguir obter sem ter de correr riscos desnecessários! Isso só será possível por causa da rentabilidade líquida real mensal de 0,35%, que parece pequena, mas no *acumulado* dos 360 meses resulta numa rentabilidade líquida real *acumulada* bastante diferenciada.

Na **ÁREA 3 | Aplicação SUPERDINÂMICA** (por exemplo, ações ou plano de previdência privada superdinâmico), considerando a *rentabilidade líquida nominal mensal* de RLNM = 0,95%, muito razoável de se angariar nas aplicações superdinâmicas que veremos na próxima sessão:

		RLNM	0,95% NOM.	RLRM	0,55% REAL
SUPERDINÂMICA 3	RENTABILIDADE LÍQUIDA (NOMINAL X REAL) MENSAL: **RLNM** X **RLRM** (i)				
	ESFORÇO POUPADOR & INVESTIDOR = MENSALIDADE FIXA (PMT)		$ -1.372		O QUE VOCÊ DEVE APLICAR
	SEU CUSTO (CORRIGIDO PARA O FUTURO) = ESFORÇO DO SEU **TRABALHO**		$ -1.099.294		26% DO TOTAL
	GANHOS DE JUROS + DESCONTO À VISTA = ESFORÇO DO SEU **DINHEIRO**		$ 3.100.854		74% DO TOTAL

- Esforço poupador & investidor = mensalidade
  R$ 1.372

- Seu custo (corrigido para o futuro) = esforço do seu *trabalho*
  R$ 1,1 milhão (26% da meta de acumulação da reserva)

- Ganho de juros = esforço do *dinheiro*
  R$ 3,1 milhões (74% da reserva total necessária)

- **Resultado do esforço total:**
  você = **26%** × *seu dinheiro* **74%**

Enorme vantagem!

Neste último caso, em que o aplicador previdente concentra seus esforços de poupança & investimento mensal na aplicação *superdinâmica*, a parte do esforço do seu dinheiro será tremendamente elevada para 74% (praticamente três quartos!) do esforço total necessário, uma brutal diferença! Esse surpreendente desempenho do investimento superdinâmico só será viável por causa da sua rentabilidade líquida real mensal de 0,55%, que pode ainda parecer pequena "a olho nu", mas no acumulado dos 360 meses corresponde a uma rentabilidade líquida real *acumulada* diferenciadíssima!

2. PLANEJAMENTO

Dinamismo!

Qual *esforço poupador & investidor mensal* você pretende desenvolver durante esses 360 meses para atingir a mesma reserva de R$ 1 milhão (em valores de hoje) ou R$ 4,2 milhões (em valores corrigidos da época): a) R$ 3.724 por mês, b) somente 62% disso = R$ 2.294, ou c) apenas 37% dessa mensalidade = R$ 1.372? Mesmo considerando que esse é um exercício de futurologia, sujeito a naturais imperfeições de projeção, fica evidente a importantíssima providência de buscar aplicações mais dinâmicas para seus esforços rumo a uma aposentadoria próspera.

MENSAIS FIXAS × MENSAIS CORRIGÍVEIS

Mensais fixas

Atente para o fato de que nessas simulações do INVESTÔMETRO® nós tratamos de apurar mensalidades *fixas*, ou seja, valores para começar e terminar poupando e aplicando todos os meses sem reajuste, sem a necessidade de corrigir as quantias mês a mês pela inflação apurada (pois o cálculo da correção já foi embutido nas contas). Optamos por esse caminho por sua simplicidade para o aplicador (valor fixo de ponta a ponta), e também pelo fato de que, com o tempo, a mensalidade irá ficando menos pesada, pois sofrerá redução real com a ocorrência da inflação, além de ter sua participação no orçamento progressivamente reduzida, diante da provável ascensão de carreira e decorrente incremento nos ganhos do trabalhador.

Mensais corrigíveis

Neste caminho, só há um porém: a prestação inicial acaba ficando, inevitavelmente, mais alta. Mas se você preferir, o INVESTÔMETRO® também lhe apresenta outra possibilidade de bom planejamento financeiro para a aposentadoria: o plano com *parcelas corrigíveis*. Nesse caso, a parcela inicial é bem menor, porém o aplicador previdente deverá ter o cuidado de corrigi-la cumulativamente, todos os meses, pela inflação apurada a cada mês (ou pelo menos anualmente, como é o caso dos planos de previdência privada). No final das contas, ambos os caminhos devem levar a aproximadamente a mesma meta de acumulação. Observe estes números apresentados no último bloco de informações da ferramenta:

(1) TRADICIONAL: MENSALIDADE A CORRIGIR (PMT)	$ -2.094	-44%
(2) DINÂMICA: MENSALIDADE A CORRIGIR (PMT)	$ -1.388	-40%
(3) SUPERDINÂMICA: MENSALIDADE A CORRIGIR (PMT)	$ -885	-35%

- **Tradicional**: esforço mensal = **R$ 2.094** (44% menor!)
- **Dinâmica**: esforço mensal = **R$ 1.388** (40% menor!)
- **Superdinâmica**: esforço mensal = **R$ 885** (35% menor!)

Dinamismo!

Mais uma vez, observamos a grande vantagem que o dinamismo oferece ao investidor multiplicador no sentido de reduzir o esforço mensal necessário para se conquistar a mesma meta de acumulação em um mesmo prazo de realização. Reflita sobre esses números e responda: vale ou não vale a pena perseguir uma rentabilidade líquida ligeiramente diferenciada no mês a mês, ainda que ela pareça ser de "apenas" alguns décimos percentuais? Quando você prioriza o *dinamismo* em suas aplicações, e isso pode ser feito sem abrir mão de excelentes padrões de liquidez e segurança, a "mágica" é a acumulação *reserva total necessária* para sua aposentadoria com muito menos esforço do seu trabalho, porque a parte do esforço que cabe ao seu dinheiro crescerá naturalmente.

O PRAZO DEFINE O ESFORÇO: DEZ ANOS × VINTE ANOS × QUARENTA ANOS

Mais tarde

Até aqui trabalhamos com um prazo de trinta anos, ou 360 meses, entre o momento presente e a idade certa para sua aposentadoria financeira. Agora quero mostrar a você alguns números que ressaltam a importância de estrear o quanto antes seu projeto de previdência particular. Imagine que, em vez de começar a poupar aos 35 anos para se aposentar os 65, o trabalhador tenha esperado até os 55 anos para iniciar sua acumulação. Veja, nesta nova simulação para dez anos, ou 120 de prazo de acumulação, como ficaria o *esforço poupador & investidor* em cada modalidade de aplicação financeira:

1	**TRADICIONAL:** MENSALIDADE A CORRIGIR (PMT)	$ -7.601
2	**DINÂMICA:** MENSALIDADE A CORRIGIR (PMT)	$ -6.700
3	**SUPERDINÂMICA:** MENSALIDADE A CORRIGIR (PMT)	$ -5.880

Disparada

A constatação é, de certa forma, chocante: o esforço mensal em dez anos em vez de trinta terá de ser 263% superior na aplicação tradicional, e 565% maior na aplicação superdinâmica! Isso porque, além do menor prazo para diluir o esforço, o acúmulo de juros sobre juros será bastante limitado com a severa limitação do prazo.

Vinte anos

Veja agora os números da mensalidade a poupar para acumular em 240 meses o mesmo R$ 1 milhão (em valores de hoje) ou R$ 4,2 milhões (em valores corrigidos da época). Aqui o esforço fica menor que em dez anos, lógico, porém ainda consideravelmente maior que em trinta (65% maior na aplicação tradicional, e 127% maior na superdinâmica):

1	TRADICIONAL: MENSALIDADE A CORRIGIR (PMT)	$ -3.460
2	DINÂMICA: MENSALIDADE A CORRIGIR (PMT)	$ -2.659
3	SUPERDINÂMICA: MENSALIDADE A CORRIGIR (PMT)	$ -2.008

Quarenta anos

Por fim, veja só a simulação para quarenta anos. Para o jovem que inicia seus esforços de trabalhador previdente aos 25 anos a fim de aposentar-se aos 65, portanto 480 meses depois, o encargo fica muito mais leve:

1	TRADICIONAL: MENSALIDADE A CORRIGIR (PMT)	$ -1.422
2	DINÂMICA: MENSALIDADE A CORRIGIR (PMT)	$ -804
3	SUPERDINÂMICA: MENSALIDADE A CORRIGIR (PMT)	$ -426

Quem diria!

É possível aposentar-se com R$ 1 milhão (em valores de hoje) ou R$ 4,2 milhões (em valores corrigidos da época) com menos de R$ 500 por mês! Por isso, eu sempre digo: aposentadoria é um prato que se cozinha muito lentamente.

RESPOSTA RÁPIDA: ESFORÇO POUPADOR & INVESTIDOR MENSAL

Pergunta: Quanto você terá de poupar & aplicar todos os meses até acumular a reserva necessária para uma aposentadoria próspera?

Resposta: R$ _____ / mês.

VAMOS PROSPERAR!

Recapitulando

Não encerre esta seção do livro sem anotar, abaixo, números concretos, planejados com responsabilidade, considerando o *seu* projeto de previdência particular:

- Idade certa para se aposentar: _____ anos.
- Renda mensal necessária: R$ _____ / mês.
- Reserva total necessária: R$ _____ .
- Esforço poupador & investidor: R$ _____ / mês.

No desafio da montagem de seu *projeto de previdência particular*, já exploramos tudo o que é necessário quanto aos seguintes focos:

1. REAÇÃO
REAJA! COMECE JÁ A MONTAR SEU PROJETO DE PREVIDÊNCIA PARTICULAR

2. PLANEJAMENTO
PLANEJE-SE PARA TER A RENDA NECESSÁRIA NA IDADE CERTA

Restam agora três outros focos a serem trabalhados para assegurar a conquista de uma *aposentadoria próspera*:

3. POUPANÇA
ECONOMIZE E GARANTA SUA CAPACIDADE MENSAL DE POUPANÇA

4. ALOCAÇÃO
SAIBA ONDE APLICAR: DURANTE A ACUMULAÇÃO × JÁ NO USUFRUTO

5. CONTRATAÇÃO
CONTRATE UM OU MAIS PLANOS DE PREVIDÊNCIA PRIVADA

3. POUPANÇA

ECONOMIZE E GARANTA SUA CAPACIDADE MENSAL DE POUPANÇA

EQUILÍBRIO EM SUAS FINANÇAS: ONTEM × HOJE × AMANHÃ

Seu projeto de previdência particular e a decorrente prosperidade que espera conquistar na aposentadoria estarão sob severa ameaça se você não cultivar sua *capacidade mensal de poupança*, empenhando-se para manter o equilíbrio entre o *ontem*, o *hoje* e o *amanhã* em sua vida financeira. Portanto:

- **Pague suas dívidas.** Resolva com disciplina seu passado financeiro, honrando pontualmente todas as suas dívidas, porque, do contrário, elas se acumularão como uma bola de neve que despencará montanha abaixo para soterrar seus sonhos de um futuro próspero.

- **"Pague" seus investimentos.** Assegure a concretização de todos os principais sonhos planejados para o futuro reservando o pagamento das variadas mensalidades de seus bons planos de investimento, dos quais o mais importante, você já sabe, é sua prosperidade na aposentadoria.

- **Pague o que der de seus gastos, suas contas e compras.** Com o que restar (após dívidas e investimentos terem sido acertados), procure atender às suas necessidades e preferências do momento da forma mais satisfatória possível. Acredite em mim: você achará um jeito criativo de viver bem no *hoje* com menos, com a tranquilidade de que o *ontem* está sendo honrado, e o *amanhã*, bem preparado.

CAPÍTULO 5

SE NÃO SOUBER ECONOMIZAR, JAMAIS CONSEGUIRÁ POUPAR E APLICAR!

Mas... economizar?

Algo que eu lamento muito nessa importante área do conhecimento humano que constitui as Finanças Pessoais é o significado que a palavra *economizar* acabou adquirindo com o passar do tempo. A maior parte das pessoas a quem você pergunta o que significa "economizar" vai lhe dizer: "deixar de gastar" ou, pelo menos, "evitar gastar". Essas definições de "economizar" não chegam a estar erradas, mas são bastante incompletas, e acabam dando a ideia enganosa de que fazer economia é só para quem tem pouco dinheiro ou é mão fechada.

Nada disso

Economizar é se planejar bem e se controlar para conseguir dar um *destino mais próspero* para os recursos que você tem em mãos! Economizar é cuidar melhor dos recursos financeiros que estão à sua disposição para satisfazer melhor suas *necessidades*, atender melhor às suas *preferências*, manter você sempre dentro de suas *possibilidades* e ainda conseguir conquistar seus principais *sonhos de compra & consumo*! Economizar é deixar de gastar com algo menos importante para alocar o dinheiro em algo mais importante para sua prosperidade. Economizar é não gastar precipitadamente hoje o que você deve reservar para sua prosperidade na aposentadoria.

Cuidado!

Quem quer economizar deve se manter sempre alerta em relação aos gastos supérfluos. Essa é uma questão bastante controversa: o que é totalmente *supérfluo* para mim pode ser absolutamente *essencial* para você, e vice-versa. Quem deve decretar o que é supérfluo ou não na sua vida financeira será você mesmo. Para facilitar, eu recomendo que, nessa "caça às bruxas" dos supérfluos, você se faça três perguntas simples e certeiras:

- **"Se não fizer esse gasto agora, isso vai me fazer muita falta nos próximos seis meses?"** Talvez seja só uma questão de empolgação momentânea, que vai passar poucos dias depois que aquela caríssima blusa nova se misturar com as roupas "velhas" em seu armário. Talvez aquela nova peça tenha grande potencial para se provar algo supérfluo na sua vida. Se for mesmo o caso... tesoura nela!

- **"Eu tenho o suficiente para pagar à vista, sem fazer mais uma dívida?"** Porque, se não tiver, você não vai querer tomar dinheiro emprestado para comprar aquela TV de sessenta polegadas e depois ficar reclamando da grana que vai na conta de luz! Se é algo supérfluo, desproporcional a seu padrão de vida, inclusive caro demais para manter, não faz o menor sentido para você, e tem potencial para empobrecê-lo.

- **"Eu creio mesmo que esse é o melhor jeito de gastar esse dinheiro, comparando com outras formas de desembolsá-lo?"** Antes de pegar a carteira para torrar sua grana na compra de uma mercadoria qualquer, tente pensar em alguma outra coisa bem legal que você poderia adquirir com o mesmo valor. Se acabar desistindo, estará comprovado que tratava-se de um típico caso de compra de um supérfluo, uma mera paixão fugaz, e não aquele amor genuíno que justificaria levar a tal mercadoria para sua casa.

"PEQUENOS" GASTOS × "GRANDES" GASTOS: TAMANHO É ALGO BEM RELATIVO

Gastos mais econômicos

Para ampliar o poder de compra do seu dinheiro e dar conta do *equilíbrio financeiro* entre passado, presente e futuro, a primeira e mais fundamental providência, essencial para qualquer pessoa ou família que deseja economizar, será *planejar* e *controlar* seus diversos pagamentos. Assim você irá enxugando aqui e ali, mantendo seus gastos "sequinhos" e sob controle mês após mês. Independentemente de seu nível de renda, o desafio de viver com equilíbrio financeiro será sempre o mesmo em qualquer família, para qualquer tamanho de bolso e, para conseguir superá-lo, será necessário evitar no seu dia a dia um *duplo erro* que pode inflar seus gastos e neutralizar sua *capacidade mensal de poupança*.

Quanto aos **"pequenos" gastos frequentes**: o erro está em desprezá-los, acreditando que, como são de valor aparentemente baixo, não pesam no orçamento e não devem receber nossa atenção como planejadores e controladores financeiros. Enquanto isso, esses "pequenos tiranos" do bolso vão "reinando soltos" em nosso orçamento, levando embora uma parte enorme do poder de compra dos nossos ganhos mensais, empobrecendo-nos a cada dia debaixo de nossas vistas, que — desorientadas — não enxergam direito a capacidade que esses gastos "miúdos" (quando descontrolados) têm para engolir nossa capacidade de poupança.

Quanto aos **"grandes" gastos eventuais**: o erro é não se planejar para juntar o dinheiro necessário para bancá-los quando aparecerem. Muita gente não enxerga direito tais gastos no horizonte de despesas da família, porque não tem um orçamento pessoal e familiar bem planejado para apontar para os desafios que virão pela frente. Assim, não cuidam de se preparar para encará-los com tranquilidade. Daí, quando surgem os gastos eventuais, eles nos pegam de surpresa e nos induzem às dívidas imprudentes, emergenciais e muito caras. Reclamamos do valor desses gastos (alto demais!), quando o problema está em nossa conscientização financeira (baixa demais!) para lidar de forma equilibrada com eles.

Visibilidade e comparabilidade

Aqui está a "receita infalível" para o descontrole do seu orçamento: *relaxar* nos gastos *frequentes*, deixando-os crescer soltos, e, ao mesmo tempo, *se esquecer* dos gastos *eventuais*, deixando que peguem você despreparado. Esse comportamento é um grande inimigo de sua capacidade de poupança. Agora, imagine, de outro lado, se todas as suas despesas puderem ser visualizadas em valores mensais, como "mensalidades" a serem pagas para produzir determinados benefícios para suas necessidades e suas preferências! Pense em seus gastos organizados em um orçamento pessoal e familiar bem planejado e bem controlado: só então você conseguirá comparar seus gastos em uma mesma base, a *base mensal*. Daí você enxergará corretamente quais estão pesando demais (porque agregam menos), e devem ser enxugados, ou pesando de menos (porque agregam mais), e devem ser reforçados. A proposta é liberar poder de compra para despesas ainda mais necessárias e desejadas, como os desembolsos com as mensalidades dedicadas a seu projeto de previdência particular.

Na ponta do lápis

Uma simples pizza de R$ 30 talvez não pese, mas duas pizzas por semana, toda semana, serão oito pizzas no mês, e o gasto mensal ficará em R$ 240 (= 8 pizzas × R$ 30 cada). Isso não pesa no orçamento? Talvez pese tanto que, somados a outros gastos descontrolados, leve a família a uma situação de endividamento tal que terá simplesmente de *cortar todas* as pizzas. Antes que isso aconteça, existe aí espaço para um *enxugamento planejado*. Se você *garantir* uma pizza por semana, ao mesmo tempo que se propõe a *enxugar* outra pizza toda semana, irá economizar R$ 120 por mês (= 4 pizzas × R$ 30). Se juntar R$ 120 por mês durante um ano, acumulará R$ 1.440 (= R$ 120 mensais × 12 meses). Lembra-se daquele notebook novo que você tanto cobiçava? Então, planejando-se assim você terá o dinheiro pronto para comprá-lo à vista e com desconto, sem recorrer a um novo parcelamento (uma nova dívida!), mesmo que anunciado como "12 vezes sem juros".

Reequilibrando o orçamento

Se você contar com a *visibilidade financeira* de um orçamento organizado, poderá enxugar com precisão os gastos que devem ser enxugados, de um lado, bem como garantir e dar mais verba aos que precisam ser reforçados, de outro, porque impactam positivamente você e sua família. E esse é o caso do dinheiro mensal destinado de forma planejada para sua aposentadoria.

Ganha × perde

Talvez seja o caso de enxugar em outra ponta para defender a pizza *delivery* que não tem sido possível pedir... Assim, ao longo de toda a vida financeira, vamos prosseguindo com esses remanejamentos perenes de pagamentos, buscando sempre formas mais bem focadas de gastar o dinheiro e usufruir com sabedoria do poder de compra dos nossos ganhos, garantindo que todos os pagamentos *importantes* (= necessários e desejados) caibam equilibradamente dentro do salário líquido ou dos ganhos limpos do negócio próprio a cada mês — mês após mês —, preservando sua capacidade de poupança. Essas providências garantirão o *duplo equilíbrio* que todos buscamos em nossas finanças pessoais:

- **Equilíbrio no conjunto.** No binômio *recebimentos totais* × *pagamentos totais*, mês após mês, ano após ano.

- **Equilíbrio no detalhe.** Um balanceamento bem ajustado na distribuição dos desembolsos entre *gastos, contas e compras*, assim como *dívidas* e *investimentos*, tudo de forma equilibrada, equacionando *passado, presente* e *futuro* em sua vida financeira.

CAPÍTULO 6

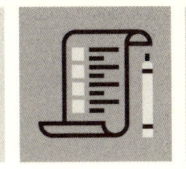

PAGAMENTOS FREQUENTES × EVENTUAIS: É PRECISO ENXERGAR PARA CONSEGUIR ENXUGAR!

Corta!

Gastos são como unhas: se não forem cortados de tempos em tempos, eles crescerão sozinhos, o que irá gerar um lamentável desequilíbrio no orçamento e sacrificará sua capacidade de poupança. Isso, por sua vez, afastará você e sua família dos bons investimentos e da preparação do futuro financeiro, e os aproximará das dívidas mal planejadas, remetendo-os de volta ao passado. Se deseja mesmo manter seus gastos enxutos e sob controle, primeiro será necessário *visualizá-los* com clareza, para então *enxugá-los* com consciência e bom senso. Para tanto, você terá que conhecer de perto a *natureza* de cada um dos gastos que normalmente tem de fazer para tocar sua vida.

Frequentes × eventuais

Qualquer gasto que uma pessoa ou família tenha em seu orçamento pode ser classificado em uma das duas categorias abaixo. Você verá que esta classificação poderá ajudá-lo muito no processo de enxugamento e controle dessas despesas:

- **Gastos *frequentes*:** aqueles que ocorrem todo mês, pelo menos uma vez por mês (supermercado, contas de luz, água, gás, telefone etc.).

- **Gastos *eventuais*:** aqueles que ocorrem uma ou poucas vezes por ano, ou então a cada período de "x" anos (IPVA, IPTU, manutenção do lar, reformas, trocas de móveis etc.).

Enxugando

Para enxugar um gasto *frequente* será necessário trocá-lo por um de menor valor unitário e/ou reduzir a frequência no mês (por exemplo, reduzir o valor médio e a frequência das refeições *delivery*). Para enxugar um gasto *eventual*, no entanto, o ideal será realizá-lo de forma planejada, distribuindo o valor cheio desse gasto pelo período mais indicado, poupando um pouco todos os meses, ganhando juros em uma boa aplicação financeira, e assim acumulando a soma necessária (por exemplo, separar e aplicar um pouco todo mês para pintar sua casa a cada três ou quatro anos). Vamos agora ver isso de perto, na prática.

PAGAMENTOS FREQUENTES: ENXUGAR É MELHOR QUE CORTAR!

Todo **pagamento frequente** pode ser observado sob dois aspectos, como dois lados de uma mesma moeda:

- ***Valor unitário* do pagamento frequente:** quantia que você desembolsa cada vez que realiza um determinado pagamento frequente.

- ***Frequência* do pagamento no mês:** quantas vezes você efetua aquele tipo de desembolso frequente a cada trinta dias.

Inofensivo?

O principal erro de planejamento financeiro que se pode cometer com relação a um gasto frequente é subestimá-lo, acreditar que não pesa no orçamento e que não precisa ser enxugado, só porque tem valor unitário baixo. No entanto, sabemos que se a frequência do gasto for elevada, ele representará um valor de desembolso mensal bastante expressivo, e terá pleno potencial para um enxugamento que libere dinheiro para ser poupado.

Na ponta do lápis

Imagine uma pessoa que almoce fora de casa todos os dias em que trabalha (vinte dias por mês, em média), gastando cerca de R$ 20 a cada refeição. Sendo vinte refeições por mês, o gasto mensal ficará em R$ 20 × 20 = R$ 400. Digamos que hoje esse gasto esteja pesando no orçamento e precise passar por um providencial enxugamento. Uma boa opção de enxugamento seria preparar uma refeição caseira ou um bom lanche natural, para levar de casa duas vezes por semana Aqui, também haverá custo com ingredientes, mas muito menor (motivo pelo qual nem o destacaremos nas contas a seguir). Assim, a frequência do gasto seria reduzida para 12 vezes ao mês. O novo gasto mensal ficaria em R$ 240 (= R$ 20 × 12 refeições mensais), com uma *economia mensal* de R$ 160 (= R$ 400 antes – R$ 240 depois) e uma *economia anual* de R$ 1.920 (= R$ 160 mensais × 12 meses). Isso, para não falar da possibilidade de pesquisar melhor na região, eventualmente encontrando uma boa refeição por um valor mais baixo (digamos, entre R$15 e R$ 18).

Pratique!

Para planejar economias prósperas como essa, conheça agora mais uma ferramenta digital da Metodologia PROFE® | Programa de Reeducação

PREVIDÊNCIA PARTICULAR

e Orientação Financeira e Empreendedora: o **ECONÔMETRO®**, nossa **Calculadora de Gastos Mais Econômicos** (aqui está exibida somente a parte superior da ferramenta):

ECONÔMETRO ®
CALCULADORA DE GASTOS MAIS ECONÔMICOS

ECONOMIA						
		① GASTO EVENTUAL (R$) SÓ DE VEZ EM QUANDO		**② GASTO FREQUENTE (R$)** TODO MÊS TEM UM OU MAIS		**PLANEJADO** P/ O MÊS (R$)	**ECONOMIA** P/ O MÊS (R$)
	SEU GASTO	(A) VALOR "CHEIO" DO GASTO EVENTUAL	(B) DISTRIBUÍDO PARA QUANTOS MESES?	(C) VALOR UNITÁRIO DO GASTO FREQUENTE	(D) QUAL A FREQUÊNCIA NO MÊS DO GASTO?	(A) / (B) OU (C) X (D)	CONFORME DECISÃO DE ENXUGAMENTO TOMADA
COMO ERA **ANTES** DE ENXUGAR						
COMO FICA **DEPOIS** DE ENXUGAR						
ECONOMIA 1 ANO		ECONOMIA 5 ANOS		ECONOMIA 30 ANOS		

Você poderá fazer o download aberto e gratuito do ECONÔMETRO® acessando a área PLANEJAR AS FINANÇAS do **www.vamosprosperar.com.br**. Veja este exemplo e repare que a ferramenta já traz para você a economia projetada para um ano, cinco e trinta anos (não fique "assustado" com os números, eles são reais e atingíveis):

ECONOMIA	A família pretende economizar nas refeições delivery (como disque-pizza, por exemplo). Reduzirão a frequência de 2 X para 1 X por semana, e buscarão comida mais em conta.					
①		GASTO EVENTUAL (R$) SÓ DE VEZ EM QUANDO		GASTO FREQUENTE (R$) TODO MÊS TEM UM OU MAIS		PLANEJADO P/ O MÊS (R$)	ECONOMIA P/ O MÊS (R$)
FREQUENTE		(A) VALOR "CHEIO" DO GASTO EVENTUAL	(B) DISTRIBUÍDO PARA QUANTOS MESES?	(C) VALOR UNITÁRIO DO GASTO FREQUENTE	(D) QUAL A FREQUÊNCIA NO MÊS DO GASTO?	(A) / (B) OU (C) X (D)	CONFORME DECISÃO DE ENXUGAMENTO TOMADA
COMO ERA **ANTES** DE ENXUGAR				45	8 VEZES	360	220
COMO FICA **DEPOIS** DE ENXUGAR				35	4 VEZES	140	
ECONOMIA 1 ANO	2.640	ECONOMIA 5 ANOS	13.200	ECONOMIA 30 ANOS	79.200	

Obs.: Esta ferramenta é uma *cortesia* do autor, de oferecimento gratuito. Não está inclusa no preço do livro, e sua disponibilização para download poderá ser suspensa a qualquer tempo, sem aviso prévio.

PAGAMENTOS EVENTUAIS: PARA ENXUGAR, BASTA SE PLANEJAR!

Esporadicamente...

Em todo orçamento pessoal há sempre aquele tipo de despesa que só surge de vez em quando, mas uma hora aparece... ah, aparece! Por isso batizamos esse tipo de desembolso com o termo de *gasto eventual*. Tais pagamentos ocorrem uma única ou poucas vezes em um ano. Em determinados casos, apenas a cada período de alguns anos. Alguns exemplos: IPVA, IPTU, pintura da casa, troca do carro etc.

Todo **pagamento eventual** pode ser mais bem compreendido (e melhor controlado) se visualizado por dois lados:

- *Valor cheio* **do pagamento eventual:** quanto você desembolsa cada vez que tem de fazer esse tipo de gasto.

- *Número de meses (prazo)* **pelos quais esse pagamento deve ser distribuído:** quantos meses haverá entre o momento em que tal gasto é realizado e a próxima vez em que ele ocorrerá.

De surpresa!

O principal erro de planejamento financeiro que se pode cometer com relação a um gasto eventual é deixar de se planejar para pagá-lo, esquecendo-se de que esse gasto virá (pois ele virá!), e daí deixando de separar os recursos necessários para custeá-lo. O que acabará acontecendo?

Para honrar esse tipo de gasto você acabará tendo de fazer dívidas emergenciais caríssimas. Crédito abundante não faltará... o que faltará, no final da contas, é dinheiro para poupar todo mês!

Na ponta do lápis

Sabemos que mandar pintar a casa, por exemplo, costuma requerer um capital considerável. Imaginemos que, para fazer uma boa pintura na residência toda, por dentro e por fora, com tinta e mão de obra de primeira qualidade, sejam necessários cerca de R$ 3,5 mil, por exemplo. Ora, R$ 3,5 mil é um montante de dinheiro bastante elevado para qualquer pessoa. Mas, como não se pinta a casa todos os meses (talvez nem mesmo todo ano), simplesmente esquecemos que tal despesa virá pela frente, que chegará a sua hora, e daí não aplicamos um tanto todo mês para juntar a reserva necessária para poder bancar esse gasto total com perfeita tranquilidade financeira. Em nosso exemplo, o mais indicado será dividir a quantia de R$ 3,5 mil, o valor cheio do gasto eventual, pelo prazo de 48 meses, com o objetivo de pintar a casa a cada quatro anos. Isso resulta em um esforço poupador & investidor de cerca de R$ 73 por mês.

Na Poupança

Essa "mensalidade" de R$ 73 deverá ser economizada todos os meses e aplicada regularmente em uma Caderneta de Poupança (ou outra aplicação financeira) destinada a cobrir os gastos com manutenção da casa, nos quais se inclui a pintura da residência. Passados quatro anos, o poupador terá nessa aplicação os R$ 3,5 mil necessários, mais os juros acumulados no período, que serão mais que suficientes para realizar a pintura, pagando tudo à vista e com desconto, desde o pintor até as tintas e os demais suprimentos necessários. Ainda sobrará uma boa reserva no bolso, quem sabe para custear um churrascão *open house* para a família e os amigos na "casa nova".

Planejado é mais barato!

Como, neste caso, o dinheiro estará pronto, será possível pagar à vista e com desconto, para o que bastarão R$ 3 mil. Então, já não serão necessários R$ 73 por mês para pintar a casa a cada quatro anos, mas R$ 62,50 (= R$ 3 mil / 48 meses). Infelizmente, como a maioria pensa pobre, não se planeja, acaba tendo de apelar para as dívidas emergenciais e mal planejadas, e daí acaba saindo bem mais caro: com juros embutidos, a despesa total para pintar a casa (R$ 3,5 mil) irá facilmente para R$ 4 mil, que distribuídos por 48 meses atingirão nada menos que R$ 83,33 por mês!

Economia no planejamento

A primeira via — a do bom planejamento financeiro para deixar o dinheiro pronto antes do gasto (a via próspera!) —, em comparação com a segunda — esquecer de se planejar e deixar o gasto pegá-lo de surpresa (a via empobrecedora) —, proporcionaria uma economia de R$ 20,83 por *mês* (= R$ 83,33 da 2ª via – R$ 62,50 da 1ª via), nada menos que R$ 250 por *ano* (= R$ 20,83 × 12 meses), ou R$ 1 mil de diferença em quatro anos, embolsados a cada vez que se pinta a casa!

Custo-benefício

Quando se planeja cada um dos gastos eventuais, distribui-se melhor a *relação custo-benefício* desse tipo de gasto, uma das boas práticas de

PREVIDÊNCIA PARTICULAR

planejamento financeiro de quem pensa rico. Tendo isso em mente, o mais sensato será distribuir o custo da pintura da casa por quatro anos e balancear os R$ 3 mil pela quantidade de meses compreendida no período entre a última pintura e a próxima daqui a quatro anos, diluindo esse desembolso em "suaves" mensalidades ao longo de 48 meses. Procedendo dessa forma, podemos compreender que a pintura da casa, por exemplo, pode ter um peso muito razoável no orçamento pessoal e familiar (R$ 62,50 mensais), ou seja, com planejamento dá para encarar gastos maiores sem dívidas! Veja este outro exemplo no nosso ECONÔMETRO®:

ECONOMIA	A família pretende parar de gastar dinheiro com trocas de carro aceleradas demais. Aguardarão prazo maior e trocarão o carro por um mais novo, porém mais simples.					
(2) EVENTUAL	GASTO EVENTUAL (R$) SÓ DE VEZ EM QUANDO		GASTO FREQUENTE (R$) TODO MÊS TEM UM OU MAIS		PLANEJADO P/ O MÊS (R$)	ECONOMIA P/ O MÊS (R$)
	(A) VALOR " CHEIO " DO GASTO EVENTUAL	(B) DISTRIBUÍDO PARA QUANTOS MESES ?	(C) VALOR UNITÁRIO DO GASTO FREQUENTE	(D) QUAL A FREQUÊNCIA NO MÊS DO GASTO ?	(A) / (B) OU (C) X (D)	CONFORME DECISÃO DE ENXUGAMENTO TOMADA
COMO ERA **ANTES** DE ENXUGAR	25.000	36 MESES			694	**361**
COMO FICA **DEPOIS** DE ENXUGAR	20.000	60 MESES			333	
ECONOMIA 1 ANO	**4.333**	ECONOMIA 5 ANOS	**21.667**	ECONOMIA 30 ANOS	**130.000**	

Use e abuse do ECONÔMETRO® para fazer enxugamentos prósperos... e boa *sorte*! Lembrando que *sorte* é quando a *preparação* (do bom planejador financeiro) encontra a *oportunidade* (de gastar o *mínimo* de dinheiro para comprar o *máximo* em qualidade de vida, e ainda assim manter intacta sua *capacidade de poupança* para o futuro)!

CAPÍTULO 7

ORÇAMENTOS DA CASA E DA FAMÍLIA: PLANEJAR + CONTROLAR = ECONOMIZAR & POUPAR

Economizar para prosperar!

Começar planejando e controlando as *despesas da casa e da família* com competência é indispensável a quem deseja reeducar-se para ter uma vida financeira equilibrada e próspera, abrindo uma respeitável capacidade mensal de poupança. O primeiro passo para montar seu orçamento pessoal e familiar será organizar corretamente as despesas da casa e da família, agrupando-as em dois grandes conjuntos distintos e complementares:

- Gastos relativos ao **imóvel de residência ("casa")** da família, os dispêndios para se morar com dignidade e conforto, que vão da conta de luz ao condomínio e ao carnê do IPTU.

- Gastos **coletivos da família**, aqueles desembolsos que não beneficiam exclusivamente esse ou aquele membro da família, mas agregam qualidade de vida aos diferentes integrantes da família como um todo, indo das compras de supermercado aos momentos de lazer e viagens familiares.

Mais uma!

Chegou a hora de lhe apresentar mais uma das valiosas ferramentas de planejamento financeiro que integram a Metodologia PROFE® | Programa de Reeducação e Orientação Financeira e Empreendedora. Trata-se do **POUPÔMETRO®**, nosso **Orçamento Pessoal e Familiar Completo**. Por gentileza, faça o download aberto e gratuito dessa ferramenta acessando a área PLANEJAR AS FINANÇAS do site **www.vamosprosperar.com.br**. Essa calculadora foi desenvolvida com base no Microsoft Excel, mas você não precisa ter conhecimentos desse programa para utilizar o POUPÔMETRO®; basta tê-lo instalado em seu computador e seguir as instruções aqui apresentadas.

Poupar!

Com o POUPÔMETRO® será possível *planejar* e *controlar* todos os seus pagamentos pessoais e familiares de maneira organizada e fazer mais daquilo de que precisamos urgentemente para prosperar: *poupar* (daí o nome de batismo da ferramenta). Note na parte inferior da ferramenta (quando a abrir na tela de seu computador) que há diversas *guias*, e que cada uma contém um orçamento importante para você e sua família — eu irei explicar todos em detalhes nesta sessão. Veja o exemplo do orçamento de **Gastos Coletivos da Família | Guia 3**.

    Obs.: Mostro aqui apenas a parte superior do conteúdo dessa guia, só para reconhecimento inicial; logo veremos versões completas.

3. POUPANÇA

POUPÔMETRO ®
③ **ORÇAMENTO: GASTOS COLETIVOS DA FAMÍLIA**

Preencha as linhas abaixo com os principais grupos de gastos contidos neste orçamento. Damos sugestões, mas você pode alterá-las e personalizá-las, reescrevendo sobre elas.

MÊS & ANO =	GASTO EVENTUAL (R$) SÓ DE VEZ EM QUANDO		GASTO FREQUENTE (R$) TODO MÊS TEM UM OU MAIS		PLANEJADO P/ O MÊS (R$)	CONTROLADO P/ O MÊS (R$)
SOBRENOME (IDENTIFICAÇÃO) DA FAMÍLIA:	(A) VALOR "CHEIO" DO GASTO EVENTUAL	(B) DISTRIBUÍDO PARA QUANTOS MESES ?	(C) VALOR UNITÁRIO DO GASTO FREQUENTE	(D) QUAL A FREQUÊNCIA NO MÊS DO GASTO ?	(A) / (B) OU (C) X (D)	CONFORME ANOTAÇÕES REALIZADAS NA PONTA DO LÁPIS
SUPERMERCADO						
SACOLÃO / FEIRA / FRUTARIA						
PADARIA						
AÇOUGUE / AVÍCOLA						
LATICÍNIO						

Obs.: Esta ferramenta é uma *cortesia* do autor, de oferecimento gratuito. Não está inclusa no preço do livro, e sua disponibilização para download poderá ser suspensa a qualquer tempo, sem aviso prévio.

PLANEJAR, ANOTAR E RECLASSIFICAR: ORÇAMENTO PLANEJADO × CONTROLADO

Planejar

Tanto para esse orçamento quanto para os demais que compõem o conjunto completo do Orçamento Pessoal e Familiar (dê uma primeira olhada nas várias guias do POUPÔMETRO®, sem ainda focar muito em seus detalhes), a família deve se reunir para listar todos os gastos de forma organizada, registrando os valores que devem ser planejados para cada gasto, anotando tudo na coluna PLANEJADO P/ O MÊS (R$) de cada orçamento. Na realidade, note que essa coluna está com *fundo na*

PREVIDÊNCIA PARTICULAR

cor cinza-claro, e serve apenas para mostrar resultados (campos *protegidos*); então você deverá inserir as informações de pagamentos planejados nas células *desprotegidas*, de *fundo branco*, nas duas colunas de GASTO EVENTUAL, ou nas duas de GASTO FREQUENTE.

Anotar

Após ter elaborado um bom planejamento para cada orçamento, com o passar de cada mês os membros financeiramente ativos da família deverão realizar seus gastos de forma consciente e econômica, procurando ficar sempre no limite do valor planejado para cada uma das despesas da casa e da família. No começo, o autocontrole não será fácil, mas com o tempo ele se transformará em um saudável hábito de prosperidade!

Para desenvolver esse hábito, será importante anotar cada gasto utilizando uma papeleta (ficha), que pode ser guardada na carteira de cada membro da família; ou mesmo utilizar um aplicativo para registrar despesas no seu smartphone, anotando sempre *data*, *local* e *valor* de cada gasto. Será conveniente anotar também a *forma de pagamento* escolhida para cada desembolso. É como "tirar fotos" dos seus gastos ao longo do mês para, ao final de trinta dias, compará-los com "aquela foto" que havia sido planejada... e constatar que você e sua família estão (ou não) "bem na foto" quando o assunto é o bom controle das suas despesas!

ECONOMIA	A família pretende parar de gastar dinheiro com trocas de carro aceleradas demais. Aguardarão prazo maior e trocarão o carro por um mais novo, porém mais simples.					
2		**GASTO EVENTUAL (R$)** SÓ DE VEZ EM QUANDO		**GASTO FREQUENTE (R$)** TODO MÊS TEM UM OU MAIS		**PLANEJADO** P/ O MÊS (R$)	**ECONOMIA** P/ O MÊS (R$)
	EVENTUAL	(A) VALOR " CHEIO " DO GASTO EVENTUAL	(B) DISTRIBUÍDO PARA QUANTOS MESES ?	(C) VALOR UNITÁRIO DO GASTO FREQUENTE	(D) QUAL A FREQUÊNCIA NO MÊS DO GASTO ?	(A) / (B) OU (C) X (D)	CONFORME DECISÃO DE ENXUGAMENTO TOMADA
	COMO ERA **ANTES** DE ENXUGAR	25.000	36			694	**361**
	COMO FICA **DEPOIS** DE ENXUGAR	20.000	60			333	
	ECONOMIA **1 ANO**	**4.333**	ECONOMIA **5 ANOS**	**21.667**		ECONOMIA **30 ANOS**	**130.000**

Ferramenta

A última guia do POUPÔMETRO® lhe apresenta uma **Ficha de Pagamentos | Guia 7**, que pode lhe ser bastante útil. Se quiser, tire uma cópia na impressora, dobre-a e guarde-a na carteira. Você também pode utilizar esta ficha no computador:

Versão digital

Sua Ficha de Pagamentos já está formatada para fazer a soma automática dos valores que vão sendo gastos ao longo do mês. Observe também que há um campo chamado ESTORNO. Digamos que você vá almoçar com um amigo e pague a parte dele (que esqueceu a carteira). Na hora, você anota o gasto total (para não esquecer) e, no dia seguinte, quando ele lhe devolver o dinheiro, você faz o estorno do valor devolvido. Isso porque, se você não anotar o total, poderá acabar se esquecendo de reaver a sua parte da grana, e daí o custo total deverá passar para o controle de orçamento como sendo seu. E olha que acontece!

Tudinho!

O objetivo da Ficha de Pagamentos é registrar cada pagamento no ato em que a decisão está sendo tomada, justamente para que nada seja esquecido. Cada pagamento registrado foi *contratado* por aquela pessoa naquele dia daquele mês, ou seja, aquela soma de dinheiro foi *comprometida* com aquele pagamento específico, naquele momento específico, e isso não pode ser esquecido. Repito: é como se as fichas do membros financeiramente ativos da família formassem um álbum de fotos tiradas para cada momento em que cada um decidiu realizar um desembolso durante o mês.

Meios de pagamentos

Deixe-me fazer uma observação importante sobre a Fichas de Pagamentos: à direita, repare que ela contém colunas para outro tipo de informação que deverá ser anotada ao longo dos trinta dias corridos. Pela metodologia aqui proposta, tal informação não deverá ser transposta para os orçamentos, mas é muito interessante de ser analisada. Estou me referindo às colunas de MEIOS DE PAGAMENTOS: ao bater o olho nessas colunas nas fichas preenchidas ao longo do mês, ficará fácil identificar quais meios foram mais utilizados por cada membro da família para realizar seus desembolsos.

Não confunda!

Uma coisa são seus *pagamentos*, aqueles desembolsos que lhe proporcionarão a qualidade de vida que você quer ter no presente e no futuro; outra coisa são os diversos *meios de pagamentos* existentes para movimentar seu dinheiro. Não permita que a abundância de meios de pagamento o induza a gastar mais dinheiro do que você tem, e mais que o necessário para ter uma vida verdadeiramente boa *hoje*, honrando o *ontem* e sem comprometer o *amanhã*. Compreenda que os diversos meios de pagamento não aumentam, por si só, seu poder de compra efetivo, cuja origem é seu salário, ou os ganhos do seu negócio próprio. Dispor de meios de pagamento alternativos pode ser algo muito prático e útil, mas trata-se apenas de formas de *movimentar* o dinheiro que se tem disponível a cada mês, e não de *multiplicar* seus ganhos. Lembre-se: é você, com o esforço do seu trabalho, que terá de "alimentar" esses meios todos com "dinheiro vivo". E quanto mais "enterrar" aqui... menos "plantará" para sua aposentadoria!

Reclassificando

Para prosseguirmos, entenda que, na Ficha de Pagamentos, todos os seus gastos terão sido anotados por ordem cronológica, sem seguir uma lógica de organização financeira das despesas. Se você parar por aqui no seu esforço de reeducação dos seus gastos, contas e compras, sua visibilidade será reduzida, e o controle ficará comprometido. Por isso, ao final de cada mês, a soma dos valores de cada tipo de gasto que terá sido registrado na Ficha de Pagamentos deverá ser transposta para a linha de despesa correta, do orçamento correto, do mês correto, na coluna CONTROLADO P/ O MÊS (R$). Só isso permitirá a comparação com a coluna do PLANEJADO P/ O MÊS (R$) e dará visibilidade, levando à reflexão e à busca de gastos mais econômicos.

EXEMPLO

Se você decidiu comprar um novo liquidificador de R$ 180 porque o seu quebrou de vez, e resolveu fazer a compra pagando em três parcelas de R$ 60 no cartão de crédito, deverá fazer (no ato da compra, não deixe para depois!) três diferentes anotações sequenciais na sua Ficha de Pagamentos, uma para cada parcela. Para cada registro, use o dia em que cada parcela será efetivamente desembolsada, de acordo com a data de de vencimento do cartão de crédito. Imaginando que a compra tenha sido feita no dia 5 de janeiro, e que seu cartão tenha data de vencimento todo dia 10, então serão três anotações na ficha:

10/FEV | Liquidificador | Parc. 1/3 | R$ 60 (Cartão Crédito)
10/MAR | Liquidificador | Parc. 2/3 | R$ 60 (Cartão Crédito)
10/ABR | Liquidificador | Parc. 3/3 | R$ 60 (Cartão Crédito)

ATENÇÃO

Para então transpor esses registros da Ficha de Pagamentos para o orçamento correto, você deverá pegar o orçamento de GASTOS DO IMÓVEL, buscar a linha de despesas com MANUTENÇÃO, e lá anotar R$ 60 na coluna CONTROLADO. Providência idêntica deverá ser tomada para o orçamento de GASTOS DO IMÓVEL de fevereiro, março e abril, porque serão nesses três meses que as três parcelas sairão do seu bolso para pagar a fatura. Sim: você deverá ter vários conjuntos do Orçamento Pessoal e Familiar, um para cada mês futuro, e deverá ir anotando em cada mês (sempre no orçamento correto, na linha de despesa certa) o pagamento que cairá.

COMPLEMENTANDO

Se houver pagamentos que não foram anotados nas Fichas de Pagamentos, mas que vocês sabem que ocorreram, como é o caso de contas de consumo com *débito automático em conta corrente*, ou mesmo o caso das *tarifas bancárias*, tais desembolsos deverão ser igualmente transpostos para as respectivas linhas/categorias corretas dos orçamentos corretos. Convém, no final do mês, puxar um extrato completo de cada uma de suas contas bancárias para fazer a transposição desses itens para os orçamentos.

Ufa!

Sim, tudo isso dá um pouco de trabalho, sobretudo no início, quando se está pegando a prática da coisa. Mas eu lhe pergunto: se não fizer assim, você conseguirá ter visibilidade para saber o que está realmente acontecendo com seus gastos? Será capaz de planejá-los cada vez melhor, controlá-los com bom senso e gastar o mínimo possível para resolver a vida em cada item de despesa, liberando dinheiro bom para outros pagamentos importantes, e assim ampliando seu poder de compra? Então... comparado ao enorme *benefício* gerado, até que o *esforço* demandado é pequeno!

Na ponta do lápis

Veja a seguir exemplos de orçamentos, simulando **Gastos do Imóvel | Guia 4** e **Gastos Coletivos da Família | Guia 3** de uma típica família entre a classe média e a classe média alta brasileira (pai, mãe e um filho), utilizando nosso POUPÔMETRO®.

3. POUPANÇA

POUPÔMETRO ®

(4)

ORÇAMENTO: GASTOS DO IMÓVEL

Preencha as linhas abaixo com os principais grupos de gastos contidos neste orçamento.
Damos sugestões, mas você pode alterá-las e personalizá-las, reescrevendo sobre elas.

MÊS & ANO = JAN/2018	GASTO EVENTUAL (R$) SÓ DE VEZ EM QUANDO		GASTO FREQUENTE (R$) TODO MÊS TEM UM OU MAIS		PLANEJADO P/ O MÊS (R$)	CONTROLADO P/ O MÊS (R$)
ENDEREÇO (IDENTIFICAÇÃO) DO IMÓVEL: **FAMÍLIA SILVEIRA** (CLASSE MÉDIA)	(A) VALOR " CHEIO " DO GASTO EVENTUAL	(B) DISTRIBUÍDO PARA QUANTOS MESES ?	(C) VALOR UNITÁRIO DO GASTO FREQUENTE	(D) QUAL A FREQUÊNCIA NO MÊS DO GASTO ?	(A) / (B) OU (C) X (D)	CONFORME ANOTAÇÕES REALIZADAS NA PONTA DO LÁPIS
ALUGUEL / PREST. FINANCIAMENTO						
TAXA CONDOMINIAL			350	1 VEZES	350	378
IPTU / OUTRAS TAXAS MUNICIPAIS	1.500	12 MESES			125	150
LUZ			120	1 VEZES	120	106
ÁGUA & ESGOTO			90	1 VEZES	90	93
GÁS			100	1 VEZES	100	98
TELEFONE			90	1 VEZES	90	112
TV A CABO / INTERNET			100	1 VEZES	100	100
SEGURANÇA / GUARDA DE RUA						
DOMÉSTICA (MENSAL) - SALÁRIO			700	1 VEZES	700	700
DOMÉSTICA (MENSAL) - ENCARGOS	900	12 MESES			75	
DIARISTA			70	2 VEZES	140	140
MANUTENÇÃO	1.200	12 MESES			100	189
SEGURO RESIDENCIAL			79	1 VEZES	79	79

| PLANEJADO = R$ | 2.069 | CONTROLADO = R$ | 2.145 | DIFERENÇA = R$ | -76 |

SMARTCALCS® por PROF. MARCOS SILVESTRE para www.coachingmoney.com.br
PROFE® Programa de Reeducação e Orientação Financeira e Empreendedora

PREVIDÊNCIA PARTICULAR

POUPÔMETRO ®

③ ORÇAMENTO: GASTOS COLETIVOS DA FAMÍLIA

Preencha as linhas abaixo com os principais grupos de gastos contidos neste orçamento.
Damos sugestões, mas você pode alterá-las e personalizá-las, reescrevendo sobre elas.

MÊS & ANO = JAN/2018 SOBRENOME (IDENTIFICAÇÃO) DA FAMÍLIA: FAMÍLIA SILVEIRA (CLASSE MÉDIA)	GASTO EVENTUAL (R$) SÓ DE VEZ EM QUANDO		GASTO FREQUENTE (R$) TODO MÊS TEM UM OU MAIS		PLANEJADO P/O MÊS (R$)	CONTROLADO P/O MÊS (R$)
	(A) VALOR "CHEIO" DO GASTO EVENTUAL	(B) DISTRIBUÍDO PARA QUANTOS MESES?	(C) VALOR UNITÁRIO DO GASTO FREQUENTE	(D) QUAL A FREQUÊNCIA NO MÊS DO GASTO?	(A)/(B) OU (C) X (D)	CONFORME ANOTAÇÕES REALIZADAS NA PONTA DO LÁPIS
SUPERMERCADO			280	2 VEZES	560	632
SACOLÃO / FEIRA / FRUTARIA			50	4 VEZES	200	183
PADARIA			12	25 VEZES	300	285
AÇOUGUE / AVÍCOLA			40	4 VEZES	160	150
LATICÍNIO			20	8 VEZES	160	194
LAVANDERIA						
ALIMENTAÇÃO FORA DE CASA			80	4 VEZES	320	400
VIAGENS / PASSEIOS FAMILIARES	5.000	12 MESES			417	
CLUBE RECREATIVO FAMILIAR						
PET - ALIMENTAÇÃO			40	1 VEZES	40	4
PET - VETERINÁRIO & PETSHOP			15	4 VEZES	60	45
PLANO OU SEGURO SAÚDE			420	1 VEZES	420	419
MÉDICOS / FARMÁCIA / REMÉDIOS			100	1 VEZES	100	82
DOAÇÕES & OFERTAS A TERCEIROS			600	1 VEZES	600	600

PLANEJADO = R$ 3.337   CONTROLADO = R$ 2.994   DIFERENÇA = R$ 343

SMARTCALCS® por PROF. MARCOS SILVESTRE para www.coachingmoney.com.br
PROFE® Programa de Reeducação e Orientação Financeira e Empreendedora

Linhas de despesas

Note que já existem catorze categorias de pagamentos sugeridas, mas você pode apagá-las, substituindo-as por suas categorias customizadas, adaptando a ferramenta de forma ainda mais focada em sua realidade, inclusive utilizando as seis linhas complementares em branco. Convém definir logo no início do processo de planejamento quais são as categorias que realmente fazem sentido para você e sua família e, a partir daí, ater-se a elas. Evite ficar modificando essas categorias depois, pois isso pode prejudicar o funcionamento da ferramenta e seu resultado desejado: a organização do orçamento para manter seus gastos enxutos, focados e sob controle. Ao definir uma nova categoria, cuidado: ela não deve se referir a um grupo de pagamentos genérico demais (algo do tipo "pagamentos avulsos"), porque daí não ajuda nada a enxergar o que está acontecendo com as despesas. Evite também categorias de cunho muito específico (como "compras de meias brancas"), porque descer demais no detalhe torna a coisa toda muito trabalhosa, complicada e desestimulante.

ORÇAMENTO PLANEJADO × CONTROLADO COMPARAR, REPLANEJAR E ENXUGAR!

Comparar

Lá na base do orçamento (veja a parte inferior da imagem), o campo DIFERENÇA compara o que *deveria ter ocorrido* (PLANEJADO) com o que de fato *ocorreu* (CONTROLADO). Neste caso, um número com sinal <u>negativo</u> indica que aquele valor que foi gasto no mês deveria ter sido menor, de acordo com o planejamento da família. Um número com sinal <u>positivo</u>, porém, indica *economia* no mês, comparativamente aos gastos planejados. Sugiro então uma reunião familiar mensal para que se realize essa comparação. Isso permitirá visualizar e avaliar quais foram os itens de despesas que eventualmente terão saído do controle ao longo daquele mês específico, e possibilitará também identificar se, no conjunto de cada grupo de despesas, houve compatibilidade ou não com o que havia sido traçado no planejamento.

O essencial

É imprescindível enxergar todos os seus pagamentos, sejam eles frequentes ou eventuais, em uma mesma base mensal, para poder *economizar* com as seguintes providências de bom planejamento e gestão competente das finanças pessoais:

- Comparando os gastos entre si, para poder enxergá-los melhor.
- Enxugando-os e fazendo trocas entre eles, visando reequilibrá-los.
- Redirecionando-os continuamente, sem jamais perder de vista seus verdadeiros objetivos de qualidade de vida.
- Encaixando-os de forma equilibrada em sua renda mensal.

Flexibilidade planejada

Um alerta: planejamento de orçamento é para ajudar a organizar e controlar a vida financeira da família, não para *engessá-la* e torná-la *rígida* demais. A vida muda, as circunstâncias financeiras também, e ao longo do tempo será necessária uma certa *flexibilidade planejada* da sua parte. Periodicamente, pelo menos uma vez por ano, é recomendável fazer um novo planejamento do orçamento pessoal e familiar, ajustando os itens cuja organização se provou inadequada para a realidade financeira do momento. O objetivo perene é usar seu dinheiro para garantir a você e sua família o maior teor possível de felicidade e realização por trás de cada gasto, alocando-os de forma equilibrada e compatível com sua renda, e sempre preservando sua capacidade mensal de poupança.

FAMÍLIA QUE ECONOMIZA UNIDA PROSPERA UNIDA!

A união faz a força!

Para prosperar unida, uma família deve unir-se em torno do objetivo de planejar e controlar seu orçamento, com decisões, providências e esforços compartilhados diante dos desafios de cultivarem gastos mais econômicos, dívidas mais prudentes e investimentos mais dinâmicos. Trata-se de planejar em família aquele tradicional *toma lá dá cá* do dinheiro, definindo quais serão os itens que perderão verba em benefício de outros que ganharão mais dinheiro, buscando sempre equilibrar seus pagamentos totais com seus recebimentos totais para não ficar no negativo. É necessário conscientizar-se de que esse equilíbrio financeiro será do *interesse direto de todos* na família!

Decisões delicadas

Quais são os *pagamentos frequentes* que devem ser trocados por outros de *menor valor unitário*, ou cuja *frequência* no mês deve ser *reduzida*? E quanto aos *pagamentos eventuais*, quais deverão ser alvo de enxugamentos inteligentes? Quais terão seu *valor cheio diminuído*, e quais sofrerão um *alongamento no prazo* de meses para os quais o valor deve ser distribuído? São decisões difíceis, que consomem algum tempo e energia em discussões na família, porém muito importantes para sua prosperidade sustentável e duradoura. Não é fácil tomar decisões de enxugamentos de gastos responsáveis, realistas, passíveis de serem realmente colocadas em prática no dia a dia — decisões maduras com as quais cada membro da família irá de fato se comprometer depois, na prática cotidiana. Por isso, é fundamental que todas elas sejam fruto do *consenso* de todos na família.

Divergências

Nesse processo de reorganização do orçamento familiar é natural que nenhum dos membros queira "perder verba" para os gastos que lhe interessam diretamente, ou perder a aparente comodidade de poder gastar sem nenhum controle. No entanto, nesse momento, o espírito deve ser de *entendimento* e *união*. E não há nada como "colocar as cartas na mesa" e partir para a negociação. Será bem mais fácil fazer sua filha adolescente cooperar com a conta do celular se ela vir que isso contribuirá com aquela reserva que a família está acumulando para bancar a viagem de intercâmbio cultural dela ao exterior. Seu filho estará mais propenso a cooperar com banhos mais curtos se entender que banhos longos demais colocam em risco aquela verba que deve ser acumulada para viabilizar aquele acampamento que ele gostaria de fazer com a turma da escola no fim do ano.

Dar o exemplo e educar

O esforço de "enquadramento" nas verdadeiras metas financeiras da família não serve só para os filhos, mas também para os pais. Os "chefes do lar" devem, aliás, ser *os primeiros* a adotar o padrão de comportamento financeiro mais bem planejado e controlado da família. Como esperar cooperação de sua filha para não ficar pedindo roupas novas a todo momento se a própria mãe parece não ter limites para entupir seu guarda-roupa com novidades? Como esperar que seu filho economize nos gastos com lanche na escola, se o próprio pai vive gastando valores elevados em bares e restaurantes com os amigos? Lembre-se: quando o assunto é educar filhos, o bom exemplo não é *a melhor* forma de contribuir para a formação deles: é *a única*!

CAPÍTULO 8

ORÇAMENTOS PESSOAIS DOS MEMBROS DA FAMÍLIA: DESPESAS MENSAIS COM O CASAL E OS FILHOS

Pessoal

A mesma técnica usada para organizar o orçamento da casa e da família — que identificará, planejará e controlará os gastos frequentes e eventuais associados a esses blocos de despesas — deverá ser utilizada para identificar o peso financeiro de cada cônjuge nas finanças familiares. Você sabe quanto você custa para sua família? Ainda me lembro de um casal que atendi há tempos. O marido, um tipo autoritário e pouco gentil, foi logo afirmando que os problemas financeiros da família eram todos culpa da esposa. Segundo ele, a mulher era uma verdadeira torradeira elétrica de notas de cem reais. A esposa, tímida e submissa, não teve naquele momento a iniciativa de se defender daquela grave acusação.

Apurando os fatos

Foi então que entrou em ação meu infalível detector de mentiras financeiras: a ponta do lápis! Eu orientei o casal para que, durante um mês inteiro, ele, ela e os dois filhos anotassem todos os gastos que realizassem em Fichas de Pagamentos individuais que cada membro deveria carregar consigo em sua carteira. Ao realizar qualquer gasto, a pessoa deveria registrar a data, o tipo de gasto e o nome do *beneficiário*, ou seja, a pessoa que seria beneficiada com o gasto, independentemente de quem o havia efetuado. Ao analisar os registros no final do mês, descobrimos que, sim, era a esposa quem ficava responsável por *efetuar* a maior parte dos gastos. No entanto, pouquíssimos deles eram feitos em benefício próprio — ou seja, a maior parte do dinheiro despendido não se destinava em favorecimento dela própria. Na realidade, os verdadeiros gastões nessa história eram os filhos, e principalmente — para a surpresa de todos — o folgado do maridão.

Na ponta do lápis

Veja a seguir um exemplo de orçamento dos **Gastos Pessoais do Cônjuge | Guia 1** (que poderia ser, na realidade, de qualquer adulto) em uma típica família de classe média brasileira, utilizando nosso POUPÔMETRO®:

3. POUPANÇA

POUPÔMETRO ®

① ORÇAMENTO: GASTOS PESSOAIS (ELE OU ELA)

Preencha as linhas abaixo com os principais grupos de gastos contidos neste orçamento. Damos sugestões, mas você pode alterá-las e personalizá-las, reescrevendo sobre elas.

MÊS & ANO = JAN/2018 NOME (IDENTIFICAÇÃO) DA PESSOA: RODRIGO SILVEIRA	GASTO EVENTUAL (R$) SÓ DE VEZ EM QUANDO		GASTO FREQUENTE (R$) TODO MÊS TEM UM OU MAIS		PLANEJADO P/ O MÊS (R$)	CONTROLADO P/ O MÊS (R$)
	(A) VALOR "CHEIO" DO GASTO EVENTUAL	(B) DISTRIBUÍDO PARA QUANTOS MESES ?	(C) VALOR UNITÁRIO DO GASTO FREQUENTE	(D) QUAL A FREQUÊNCIA NO MÊS DO GASTO ?	(A) / (B) OU (C) X (D)	CONFORME ANOTAÇÕES REALIZADAS NA PONTA DO LÁPIS
ROUPAS / SAPATOS / ACESSÓRIOS	1.000	12 MESES			83	250
CDs / DVDs / LIVROS / INFORMÁTICA			40	1 VEZES	40	
ALIMENTAÇÃO FORA DE CASA			20	20 VEZES	400	432
CINEMA / SHOWS / BALADAS			50	2 VEZES	100	50
PRESENTES DADOS A OUTROS			70	1 VEZES	70	88
ACADEMIA GINÁSTICA / PERSONAL			85	1 VEZES	85	85
VIAGENS / PASSEIOS INDIVIDUAIS						
PLANO DE SAÚDE						
MÉDICOS / REMÉDIOS / SAÚDE						
TRATAMENTOS DE ESTÉTICA						
ESCOLA / FACULDADE / PÓS / MBA			650	1 VEZES	650	650
LIVROS & MATERIAL DIDÁTICO	300	6 MESES			50	
CELULAR			80	1 VEZES	80	120
PEQUENOS GASTOS DIVERSOS			30	4 VEZES	120	183

PLANEJADO = R$ 1.678   CONTROLADO = R$ 1.858   DIFERENÇA = R$ -180

SMARTCALCS® por PROF. MARCOS SILVESTRE para www.coachingmoney.com.br
PROFE® Programa de Reeducação e Orientação Financeira e Empreendedora

Planejado × controlado

Recomendo que você preste especial atenção às diferenças, linha por linha, entre a coluna PLANEJADO P/ O MÊS (R$) em comparação com a coluna CONTROLADO P/ O MÊS (R$). Repare também, lá na base da imagem desses orçamentos, no valor total PLANEJADO em comparação ao total CONTROLADO, e por fim note a DIFERENÇA total: quanto menor for o valor dessa diferença, mais a pessoa está tocando seu dia a dia de despesas em harmonia com o que havia de fato planejado. Isso quer dizer que seu *autocontrole* financeiro está funcionando em linha com seu *planejamento* financeiro, tudo em favor da conquista da sua prosperidade sustentável e duradoura, hoje e sempre, inclusive — e especialmente — na aposentadoria!

EM UM CASAL, QUEM DEVE BANCAR QUAIS PAGAMENTOS?

O sucesso de qualquer processo de reorganização de orçamento familiar depende essencialmente da busca de um completo entendimento financeiro por parte do casal. Aqui, três definições serão importantíssimas:

- Quem fará o planejamento e o controle financeiro (ambos!).
- Quem ficará responsável por providenciar os pagamentos.
- Quem deverá arcar com quais despesas, e em que proporção.

Conta conjunta

Mesmo na hipótese de o casal ser casado em regime de separação total de bens (o mais utilizado hoje em dia é a comunhão parcial), é inegável

3. POUPANÇA

que, no dia a dia, os parceiros tenham uma vida em comum e despesas partilhadas. Assim, costuma funcionar muito bem o seguinte: o casal deve abrir uma conta bancária conjunta, e cada um deve depositar nela, no início de cada mês, o valor necessário para bancar todos os gastos mensais da família. A partir daí, o responsável pelas "contas a pagar" fará todos os pagamentos somente com os recursos provenientes dessa conta conjunta. Mas a dúvida aqui é: *quanto* cada um deverá depositar nessa conta? Essa é uma decisão que depende exclusivamente do casal, e acordo será válido desde que tenha sensatez financeira e seja respeitado por ambos com o passar do tempo.

Mantendo o equilíbrio

Uma coisa é óbvia: somando "o dele" com "o dela", os depósitos na conta conjunta devem atingir 100% daquele mínimo necessário para suprir os compromissos financeiros mensais da família. Um critério de partilha equilibrado pode ser o seguinte: quem ganha um salário maior depositará uma quantia proporcionalmente maior na conta conjunta, ao passo que aquele que tem um rendimento menor fará um depósito menor, utilizando a mesma proporção.

Na ponta do lápis

Digamos que a esposa tenha um salário líquido de R$ 6 mil, e o marido, de R$ 4 mil. A renda familiar somada é, portanto, de R$ 10 mil. Assim, observamos que *ela* é responsável por 60% da renda da família, enquanto *ele* ganha os demais 40%. Como, então, distribuir os depósitos na conta conjunta com equilíbrio? Imaginemos que as despesas totais do casal tenham sido orçadas em R$ 8 mil. Digamos que ela, mais organizada e hábil com papéis e controles, tenha sido encarregada em comum acordo de controlar o pagamento das contas do casal ou da família a partir da conta conjunta. Para garantir o balanceamento ideal, no início de cada mês ela depositará R$ 4.800 (60% de R$ 8 mil) na conta conjunta, e ele fará uma transferência de outros R$ 3.200 (40% de R$ 8 mil). No total, haverá R$ 8 mil para que ela, então, possa realizar os pagamentos devidos ao longo do mês. Usar a conta conjunta do casal desta forma é a melhor maneira de distribuir o ônus financeiro do casal ou da família de maneira equilibrada e sustentável.

Compreensão... e amor!

Não deixem surgir nenhum desentendimento em relação a esse assunto. Cuidado com aquela história de começar a questionar demais os ganhos individuais de cada um e, consequentemente, contestar a contribuição de cada parceiro nas despesas conjuntas do casal. A verdade é que os rendimentos mensais de cada cônjuge dependem de uma série de fatores, tais como o setor que escolheu para atuar, o momento econômico que o setor atravessa e a trajetória profissional que construiu nos últimos anos. De nada adianta que o parceiro que ganha mais culpe o que ganha menos, afirmando que se o outro tivesse um salário maior ele não precisaria se esforçar tanto. Isso é bobagem. Lembre-se: também do ponto de vista financeiro (e muito especialmente desse ponto de vista!), um casal deve ser mais do que a simples soma de dois indivíduos, e cada um deve oferecer total apoio ao projeto de previdência particular do outro (se é que não estamos falando de um projeto único).

E OS FILHOS: SERÁ QUE VALEM QUANTO PESAM?

Quanto custa criar um filho? Barato todos sabem que não é, mas a conta fica exatamente em quanto? Já parou para pensar nisso? Um bom planejamento de orçamento pessoal e familiar jamais pode deixar de levar em conta os recursos necessários para criar seus filhos com dignidade e conforto.

Na ponta do lápis

Vamos imaginar uma família de *classe média baixa*, com renda mensal líquida de até R$ 5 mil (somando-se o salário do marido com o da mulher, já livres de impostos). Essa família pode chegar a desembolsar cerca de R$ 1 mil por mês nos gastos relacionados à criação de um filho. Destes R$ 1 mil, cerca de 50%, ou R$ 500, serão destinados à *educação particular*, incluindo aí a mensalidade da escola, transporte, uniforme e material escolar, o "pacotão" completo da educação. A *educação* é seguramente o item que mais pesa no orçamento da criação de um filho, mas certamente não é o único. Em seguida, com cerca de 15% de participação, o que dá R$ 150 por mês, vem o item *vestuário*, e outros R$ 150, em média, serão gastos com *alimentação*, incluindo o lanche na escola (quando for o caso). Para gastos com *saúde*, englobando um plano de saúde complementar, eventuais consultas com médicos não cobertos nesse plano e remédios, pode-se considerar por volta de 10% da verba mensal destinada na criação do filho, o que equivale a R$ 100 de desembolso médio mensal. Por fim, sobrarão outros R$ 100 para gastos com *lazer* e outras coisas. Dessa forma, lá se vão R$ 1 mil líquidos em média, todo mês, para arcar com os custos de *um único* filho. Obviamente que, sendo dois ou mais, o valor praticamente dobrará, triplicará, e assim sucessivamente.

Um pouco mais à frente

Na *fase universitária*, esses gastos podem chegar ao dobro daquilo que é desembolsado na infância, nem tanto por causa da *mensalidade da faculdade* mais alta (hoje equiparável à mensalidade de uma escola particular), mas sobretudo porque o jovem atingirá sua *maioridade civil*, embora ainda esteja longe de ter sua *maioridade financeira*. Em outras palavras, ele trará mais demandas, mas é provável não tenha como se bancar financeiramente. Após os 18 anos, seu filho passará a ter uma vida social mais intensa, e é quase certo que lhe pedirá dinheiro para *festas*, *roupas de grife*, *aparelhos eletrônicos* e *viagens*, sem contar a possibilidade de ele começar a utilizar o *carro* da família, o que irá gerar despesas maiores com combustível, seguro, manutenção e multas de trânsito.

Seu filho, seu tesouro!

Colocando tudo *na ponta do lápis*, os gastos totais para criar seu filho até os 23 anos — entregando-o ao mundo formado, com um diploma nas mãos para poder caminhar com "os próprios bolsos" — ficarão em torno de R$ 330 mil. E chegamos a esse valor levando em conta a realidade de uma família de *classe média baixa*. Se se considerarmos a realidade de uma família de *classe média média*, esse valor facilmente dobrará; e no caso de uma família de *classe média alta*, essa soma poderá triplicar, chegando à casa de R$ 1 milhão, se não mais!

Mas atenção: o propósito de se fazer uma estimativa do custo de um filho não é desencorajar futuros papais e mamães nem fazer os que pais e mães sofram e se assustem com esses números. O que intenção aqui é dar correta *visibilidade* aos pais do tamanho do desafio financeiro, para que possam se *planejar adequadamente*, realizando esse precioso projeto de vida com total *tranquilidade financeira*, sem medo de ser feliz. Ter um filho é, sem dúvida, a decisão mais cara que você tomará em sua vida, mas também haverá de ser a de melhor relação custo-benefício.

Sim, na ponta do lápis!

Veja, a seguir, um orçamento de exemplo de **Gastos Pessoais do Filho | Guia 2**, considerando um adolescente em uma típica família de classe média brasileira, utilizando nosso POUPÔMETRO®:

3. POUPANÇA

POUPÔMETRO ®

② ORÇAMENTO: GASTOS PESSOAIS (FILHO OU FILHA)

Preencha as linhas abaixo com os principais grupos de gastos contidos neste orçamento.
Damos sugestões, mas você pode alterá-las e personalizá-las, reescrevendo sobre elas.

MÊS & ANO = JAN/2018	GASTO EVENTUAL (R$) SÓ DE VEZ EM QUANDO		GASTO FREQUENTE (R$) TODO MÊS TEM UM OU MAIS		PLANEJADO P/ O MÊS (R$)	CONTROLADO P/ O MÊS (R$)
NOME (IDENTIFICAÇÃO) DA PESSOA: **PAULINHO SILVEIRA**	(A) VALOR "CHEIO" DO GASTO EVENTUAL	(B) DISTRIBUÍDO PARA QUANTOS MESES ?	(C) VALOR UNITÁRIO DO GASTO FREQUENTE	(D) QUAL A FREQUÊNCIA NO MÊS DO GASTO ?	(A) / (B) OU (C) X (D)	CONFORME ANOTAÇÕES REALIZADAS NA PONTA DO LÁPIS
ROUPAS / SAPATOS / ACESSÓRIOS			80	1 VEZES	80	162
CDs / DVDs / LIVROS / INFORMÁTICA			40	1 VEZES	40	
ALIMENTAÇÃO FORA DE CASA			10	20 VEZES	200	185
CINEMA / SHOWS / BALADAS			40	3 VEZES	120	200
PRESENTES DADOS A OUTROS			60	1 VEZES	60	
ACADEMIA GINÁSTICA / PERSONAL						
VIAGENS / PASSEIOS INDIVIDUAIS	2.000	12 MESES			167	
PLANO DE SAÚDE						
MÉDICOS / REMÉDIOS / SAÚDE			80	1 VEZES	80	60
TRATAMENTOS DE ESTÉTICA			67	1 VEZES	67	67
ESCOLA / FACULDADE / PÓS / MBA			480	1 VEZES	480	480
LIVROS & MATERIAL DIDÁTICO	500	12 MESES			42	
CELULAR			20	2 VEZES	40	60
PEQUENOS GASTOS DIVERSOS			100	1 VEZES	100	280

PLANEJADO = R$** 1.475   **CONTROLADO = R$ 1.494   **DIFERENÇA = R$** -19

SMARTCALCS® por PROF. MARCOS SILVESTRE para www.coachingmoney.com.br
PROFE® Programa de Reeducação e Orientação Financeira e Empreendedora

Mimimi... mimados!

Você, na condição de pai ou mãe, por acaso tem o costume de cobrir seu(s) filho(s) com presentes e mais presentes, com tudo o que há de bom e de melhor, com muita fartura, conforto e as mais diversas comodidades? Eu também sou pai, e sei como essa tentação é grande, porque não há palavras para descrever o amor que a gente tem pelos filhos. Em nome desse amor, faremos sempre o possível, e até mesmo o impossível, se preciso for! Mas é preciso ter muito cuidado para não errar na dose. Tão crucial quanto dar aos filhos tudo de bom é dar a eles também uma boa noção de *limites*, e isso se aplica muito especialmente às coisas que o dinheiro pode comprar. Nesta era de excessos em que vivemos, existe um grande risco de criarmos filhos financeiramente mal-educados, consumistas, dependentes de posses cada vez maiores e prazeres mais intensos para serem felizes, ignorando que o futuro um dia chega, e nele sempre colhemos o que plantamos.

Antídoto

Como, então, cuidar desse efeito colateral potencialmente nocivo da prosperidade? Sugiro uma simples mas eficaz tática educativa: policiar-se para simplesmente *não dar* a seu filho *tudo aquilo* que você gostaria. Resista a essa tentação e procure proporcionar *apenas metade* do que seu ímpeto provedor naturalmente o faria conceder. Corte metade do excesso. Não estou falando de dar metade de uma boa escola, de uma boa alimentação ou de um bom plano de saúde, óbviamente. Sugiro dar metade da quantidade das roupas, das guloseimas, dos brinquedos, dos eletrônicos e de todas aquelas *tralhas* com que costumamos entupir a vida de nossas crianças e adolescentes, corrompendo e deseducando nossos filhos. Quem ama, regula!

CAPÍTULO 9

ORÇAMENTOS QUE CERCAM A FAMÍLIA: AUTOMÓVEIS, DÍVIDAS × INVESTIMENTOS

Conveniência que custa

Poder contar com um ou mais veículos estacionados na garagem é muito bom, mas isso mexe bastante com o orçamento pessoal e familiar. Quando se vai tomar a decisão de adquirir um automóvel, por exemplo (o primeiro grande sonho de consumo de quase todo adulto), além do esforço requerido para a *compra* do carro, é preciso que se planejem os gastos necessários para a *manutenção* do automóvel adquirido. Antes de se decidir pela compra, você deverá avaliar minuciosamente o peso que o tal veículo terá em seu orçamento, identificando quanto de sua renda mensal ele levará todos os meses. Há muitas pessoas que dirigiram carrões a vida toda, mas chegam à aposentadoria com dificuldades para bancar um simples automóvel popular!

Gastos frequentes × eventuais

Alguns dos desembolsos relativos a seu automóvel serão *gastos frequentes*, que ocorrerão uma ou mais vezes por mês (como o abastecimento de combustível, por exemplo), enquanto outros serão *gastos eventuais*, que não acontecem todos os meses, mas que certamente ocorrerão com alguma outra periodicidade, a cada X meses ou X anos (como o IPVA anual ou mesmo a troca do veículo a cada três ou quatro anos). Para visualizar os gastos com seu carro à luz do conjunto de seu orçamento pessoal e familiar será preciso apurar *todos* esses desembolsos, sejam eles frequentes ou eventuais, em *uma mesma base mensal*. Só assim será possível compará-los com seu salário e avaliar o peso relativo de um automóvel na sua vida fincanceira.

Na ponta do lápis

Imagine um carro com valor de aquisição de R$ 35 mil. Apurando todos os gastos relativos a esse veículo, chegamos à conclusão de que, além do esforço financeiro mensal de pagar as parcelas de um financiamento para comprar o referido automóvel, serão necessários mais R$ 800 mensais apenas para mantê-lo em atividade. Assim, apuramos que um automóvel desses, do tipo mais básico possível, pode demandar entre R$ 1,5 mil e R$ 2 mil por mês, somando-se o custo de *ter* com o de *manter*. Com as contas feitas, você precisa se perguntar duas coisas. Isso cabe no orçamento da família? Esse dispêndio mensal compensa do ponto de vista do impacto positivo em sua qualidade de vida?

É possível, por exemplo, você gastar um valor bem menor se apenas usar os serviços urbanos de transporte particular, o que não sai nada barato no avulso, mas pode valer a pena no final do mês. Agora... e o prazer de possuir seu próprio carro? E a conveniência de tê-lo a sua disposição 24 horas por dia, sete dias por semana? Tudo isso deve ser posto na balança para que você veja está ao alcance do seu bolso e o que realmente compensa.

Com responsabilidade

Todos desejamos o que é bom, mas temos de estar preparados para *ter* e *manter* o que é bom, porque somente assim teremos como seguir uma trilha rumo à prosperidade sustentável e duradoura, inclusive na aposentadoria. Adquirir um carro financeiramente mal planejado e depois se ver obrigado a perdê-lo para as adversidades financeiras do dia a dia é uma experiência traumática, mas que pode ser perfeitamente evitada com bom planejamento do orçamento. Veja a seguir um orçamento de exemplo de **Gastos do Veículo | Guia 5** em uma típica família de classe média brasileira, utilizando nosso POUPÔMETRO®:

PREVIDÊNCIA PARTICULAR

POUPÔMETRO ®

(5)

ORÇAMENTO: GASTOS DO VEÍCULO

Preencha as linhas abaixo com os principais grupos de gastos contidos neste orçamento. Damos sugestões, mas você pode alterá-las e personalizá-las, reescrevendo sobre elas.

MÊS & ANO = JAN/2018	GASTO EVENTUAL (R$) SÓ DE VEZ EM QUANDO		GASTO FREQUENTE (R$) TODO MÊS TEM UM OU MAIS		PLANEJADO P/ O MÊS (R$)	CONTROLADO P/ O MÊS (R$)
NOME (IDENTIFICAÇÃO) DO VEÍCULO: **AUTOMÓVEL DA FAMÍLIA SILVEIRA**	(A) VALOR "CHEIO" DO GASTO EVENTUAL	(B) DISTRIBUÍDO PARA QUANTOS MESES ?	(C) VALOR UNITÁRIO DO GASTO FREQUENTE	(D) QUAL A FREQUÊNCIA NO MÊS DO GASTO ?	(A) / (B) OU (C) X (D)	CONFORME ANOTAÇÕES REALIZADAS NA PONTA DO LÁPIS
PRESTAÇÃO FINANC. / CONSÓRCIO						
IPVA	1.400	12 MESES			117	467
LICENCIAMENTO ANUAL	180	12 MESES			15	150
SEGURO (ANUAL X MENSAL)			180	1 VEZES	180	
FRANQUIA / PEQ. CONSERTO BATIDA	2.000	60 MESES			33	180
COMBUSTÍVEL			70	4 VEZES	280	33
ALUGUEL DE VAGA NO TRABALHO						187
ALUGUEL DE VAGA EM CASA						
ESTACIONAMENTO - AVULSOS			6	6 VEZES	36	
MULTAS DE TRÂNSITO	240	12 MESES			20	55
LAVAGEM			20	2 VEZES	40	
TROCA DE ÓLEO	110	12 MESES			9	45
REVISÕES & MANUTENÇÃO	2.160	36 MESES			60	
REVITALIZAÇÃO DA PINTURA	230	24 MESES			10	

| PLANEJADO = R$ 800 | CONTROLADO = R$ 1.117 | DIFERENÇA = R$ -317 |

SMARTCALCS® *por* **PROF. MARCOS SILVESTRE** *para* www.coachingmoney.com.br
PROFE® Programa de Reeducação e Orientação Financeira e Empreendedora

O desafio de quem está tocando seu projeto de previdência particular e precisa defender bravamente sua capacidade de poupança será sempre encontrar um jeito bem planejado, tranquilo e até mesmo lucrativo de bancar seus diversos custos. Pense, por exemplo, no carnê do IPVA, uma despesa um tanto quanto desagradável (ainda mais considerando o baixo retorno em prestação de serviços públicos), mas que se trata de um gasto inevitável para quem possui um veículo. Quero agora lhe sugerir um jeito *lucrativo* (veja só!) de pagar seu IPVA. Afinal, os financeiramente bem planejados sempre levam uma natural vantagem na forma como tocam sua relação com o dinheiro.

Na ponta do lápis

Vamos imaginar que seu carnê de IPVA tenha vindo no valor de R$ 1.200. Digamos que você não tenha conseguido quitá-lo integralmente à vista em janeiro — com desconto de 3% em São Paulo ou de 8% no Rio de janeiro, o que geraria para você uma economia de R$ 36 ou R$ 96, respectivamente. Consideramos então que, mesmo parcelando em 3 × R$ 400, essa conta ainda tenha ficado muito salgada. Entretanto, é claro que, no ano seguinte você receberá outro carnê novinho em folha, para quitar logo no início do ano. O valor será uns 5% ou 10% menor, se você ainda tiver o mesmo carro (no nosso exemplo, consideraremos R$ 100 a menos). Pois eu quero lhe sugerir o seguinte: pague o IPVA do ano que vem... parcelado!

Sim, parcelado!

A partir de abril, quando já tiver terminado de pagar o seu carnê do ano em questão, deposite mensalmente na Caderneta de Poupança a quantia de R$ 150, o equivalente a R$ 1.200 divididos por oito meses. Você guardará um pouco por mês de abril a novembro de cada ano. Como resultado, no início do ano seguinte terá acumulado, com os "jurinhos", algo em torno de R$ 1.220. O novo carnê do IPVA já será um pouco menor, talvez R$ 1.100, por conta da natural desvalorização do veículo. Com o dinheiro em mãos, você poderá, então, pagar à vista, com 3% de desconto em São Paulo (R$ 1.067) ou 8% no Rio de Janeiro (R$ 1.012). A diferença (a economia!) ficará em R$ 153 (SP) ou R$ 208 (RJ). Este valor sobrará de forma planejada em seu bolso. Você embolsará cerca de R$ 200 para gastar com qualquer coisa que agregue mais para sua vida: isto é pensar e agir de forma próspera!

ORÇAMENTOS QUE CERCAM A FAMÍLIA: DÍVIDAS × INVESTIMENTOS

Sobrou dinheiro?

Quanto deve sobrar no final de cada mês quando a família já tiver seu orçamento perfeitamente organizado? Ora, não deve "sobrar" nada! O termo "sobrar" remete a "resto", o que sugere uma "coisa que fica ali por acaso" — às vezes tem, às vezes não tem. Ser encarado com esse descaso é algo que jamais deve acontecer com nenhuma porção do suado dinheiro do seu trabalho. Tudo o que a família consegue a duras penas de renda mensal deve ser planejadamente distribuído entre seus gastos, suas contas e compras do presente, honrando suas dívidas e obrigações financeiras do passado, mas também separando investimentos para bater suas metas financeiras rumo à prosperidade no futuro, sobretudo na fase da aposentadoria.

Competição!

Anote todas as *dívidas* familiares em uma lista única, discriminando as parcelas de forma clara, facilitando assim a visualização que levará ao planejamento para quitar todas elas, uma a uma. Da mesma forma, cada "mensalidade" que você deseja investir para realizar um sonho importante deve também ser registrada em um só orçamento, o de *investimentos*. É justamente aqui que devem entrar os *esforços poupadores & investidores* da família para seu(s) projeto(s) de previdência particular. O que fica claro com esta contraposição de blocos de pagamentos, *Dívidas × Investimentos*, é que eles são inegáveis concorrentes em sua vida financeira. Imaginando que seus *gastos, suas contas e compras* no momento *presente* estejam em equilíbrio, é fácil constatar que cada centavo que você deposita em uma *dívida*, enterrando-o no *passado*, é um centavo que você não tem disponível para empatar em um bom *investimento*, preparando seu *futuro*!

Na ponta do lápis

Veja a seguir um orçamento de exemplo de gastos com **Dívidas × Investimentos | Guia 6** em uma típica família de classe média brasileira, utilizando nosso POUPÔMETRO®. Repare que colocamos em uma mesma peça tanto *dívidas* quanto *investimentos*.

PREVIDÊNCIA PARTICULAR

POUPÔMETRO ®

(6)

ORÇAMENTO: DÍVIDAS X INVESTIMENTOS

Preencha as linhas abaixo com os principais grupos de gastos contidos neste orçamento.
Damos sugestões, mas você pode alterá-las e personalizá-las, reescrevendo sobre elas.

MÊS & ANO = JAN/2018 NOME (IDENTIFICAÇÃO) DA PESSOA: FAMÍLIA SILVEIRA (CLASSE MÉDIA)	GASTO EVENTUAL (R$) SÓ DE VEZ EM QUANDO		GASTO FREQUENTE (R$) TODO MÊS TEM UM OU MAIS		PLANEJADO P/O MÊS (R$)	CONTROLADO P/O MÊS (R$)
	(A) VALOR "CHEIO" DO GASTO EVENTUAL	(B) DISTRIBUÍDO PARA QUANTOS MESES ?	(C) VALOR UNITÁRIO DO GASTO FREQUENTE	(D) QUAL A FREQUÊNCIA NO MÊS DO GASTO ?	(A)/(B) OU (C) X (D)	CONFORME ANOTAÇÕES REALIZADAS NA PONTA DO LÁPIS

DÍVIDAS

	(A)	(B)	(C)	(D)	(A)/(B) ou (C)X(D)	CONTROLADO
FINANCIAMENTO DO VEÍCULO			739	1	739	739
FINANCIAMENTO DA CASA			1.800	1	1.800	1.838

PLANEJADO = R$ 2.539   CONTROLADO = R$ 2.577   DIFERENÇA = R$ -38

INVESTIMENTOS

	(A)	(B)	(C)	(D)	(A)/(B) ou (C)X(D)	CONTROLADO
PLANO PARA TROCA DE CARRO			500	1	500	500
PLANO PARA TROCA DE APTO.			1.500	1	1.500	1.500
PLANO PREV. PRIV. (MARIDO)			1.200	1	1.200	1.200
PLANO PREV. PRIV. (ESPOSA)			1.200	1	1.200	1.200

PLANEJADO = R$ 4.400   CONTROLADO = R$ 4.400   DIFERENÇA = R$

SMARTCALCS® por PROF. MARCOS SILVESTRE para www.coachingmoney.com.br
PROFE® Programa de Reeducação e Orientação Financeira e Empreendedora

ESCOLHAS PRÓSPERAS: MENOS CARRO × MAIS PREVIDÊNCIA

Troca

Para efeito das simulações deste capítulo, consideramos uma família com renda mensal líquida (já descontado impostos e contribuições obrigatórias) de R$ 18 mil, valor suficiente para posicioná-la entre a classe média e a classe média alta urbana brasileira. Repare que, no caso ilustrado, curiosamente a família Silveira, como a chamaremos, tem apenas um automóvel, e de padrão um tanto quanto modesto para o que se poderia esperar de famílias de seu meio socioeconômico — que em geral ambicionam ao menos dois carrões na garagem mesmo não tendo todo o dinheiro para comprá-los, o que os leva aos infindáveis financiamentos. Mas repare também que a próspera família Silveira está poupando para sua aposentadoria em um nível de esforço que vai muito além da maior parte das famílias da mesma faixa de renda.

Projeto único

Da renda líquida mensal total de R$ 18 mil, a esposa Renata recebe R$ 12 mil mensais, pois hoje está mais bem posicionada no mercado de trabalho. O marido, Rodrigo, embora excelente profissional, atualmente recebe menor remuneração: R$ 6 mil. Ela apura 2/3 da renda familiar; ele, 1/3. Os dois chegaram ao acordo de que pretendem viver juntos até o final da vida e que, portanto, terão um projeto de previdência particular *único* para o casal, para o qual investirão 20% de sua renda líquida mensal somada, cada qual contribuindo na correta proporção daquilo que ganha.

Esforço proporcional

Agora, note que há uma linha no orçamento de *Investimentos* da família Silveira que apresenta **Plano Prev. Priv. (Marido) = R$ 1.200** e outra que mostra **Plano Prev. Priv. (Esposa) = R$ 1.200**. Isso indica o esforço poupador & investidor que cada membro do casal planeja empenhar todos os meses para seu projeto conjunto de previdência particular, mas, se ela ganha mais, por que está contribuindo exatamente com o mesmo valor em termos absolutos, já que os dois decidiram que o esforço de cada um seria *proporcional*?

Planos diferentes!

Rodrigo trabalha em uma ótima empresa, que tem um excelente plano de previdência empresarial *averbado* (sobre o qual falaremos na Seção 5 deste livro) para o qual ele contribui com 20% do seu salário, mas sem receber coparticipação da empresa (embora se beneficie de outras vantagens desse plano corporativo, como taxas mais baixas, orientação financeira especializada e atendimento diferenciado via RH). Renata, por sua vez, que trabalha em outra excelente companhia, contribui com R$ 1.200 dos R$ 12 mil de sua renda líquida. Isso equivale a somente 10% de seu salário limpo, mas sabemos que eles determinaram 20% de cada um. Entretanto, a organização com a qual ela colabora oferece como benefício o acesso a um plano *instituído* (ou patrocinado). Dessa forma, Renata aporta esses R$ 1.200 todos os meses e a empresa (patrocinadora) contribui com idêntica quantia (na proporção de 1:1). Que fantástico benefício!

Então, na realidade, Renata colabora com R$ 2.400 (= R$ 1.200 seus + R$ 1.200 da empresa), o que dá exatamente 20% de seu salário, providência totalmente alinhada com o planejamento do casal. Considerando suas colaborações somadas, apuramos que Rodrigo & Renata destinam 20% da sua renda mensal de R$ 18 mil, ou R$ 3.600 (= R$ 2.400 de Renata + R$ 1.200 de Rodrigo) para garantirem a si mesmos uma aposentadoria próspera. Essas decisões estão registradas no orçamento *Dívidas* × *Investimentos* do casal, e por isso todos os meses eles controlam bem de perto seus gastos, suas contas e compras, para garantir sua capacidade mensal de poupança e ativar, na prática, seu projeto de previdência particular. Eles sabem muito bem que planejar sem agir não leva a lugar algum.

VAMOS PROSPERAR!

No desafio da montagem de seu *projeto de previdência particular*, já exploramos tudo o que é necessário quanto ao seguintes focos:

1. REAÇÃO
REAJA! E COMECE JÁ A MONTAR SEU PROJETO DE PREVIDÊNCIA PARTICULAR

2. PLANEJAMENTO
PLANEJE-SE PARA TER A RENDA NECESSÁRIA NA IDADE CERTA

3. POUPANÇA
ECONOMIZE E GARANTA SUA CAPACIDADE MENSAL DE POUPANÇA

Restam agora dois outros focos a serem trabalhados para assegurar a conquista de uma *aposentadoria próspera*:

4. ALOCAÇÃO
SAIBA ONDE APLICAR: DURANTE A ACUMULAÇÃO × JÁ NO USUFRUTO

5. CONTRATAÇÃO
CONTRATE UM OU MAIS PLANOS DE PREVIDÊNCIA PRIVADA

4. ALOCAÇÃO

SAIBA ONDE APLICAR: DURANTE A ACUMULAÇÃO × JÁ NO USUFRUTO

PONHA SEU DINHEIRO PARA TRABALHAR NAS MELHORES APLICAÇÕES FINANCEIRAS

PARA ONDE?

Agora você já tem em mãos todo o planejamento de seu projeto de previdência particular: já sabe a *idade certa* em que deseja se aposentar, sabe quais serão seus *gastos mensais* de aposentado, calculou quanto ambiciona ter de *renda mensal* na aposentadoria e o tamanho da *reserva necessária* que deverá acumular para conseguir derivar dela a renda necessária. Você também já sabe como fazer um bom planejamento e uma gestão competente de seus *gastos, suas contas e compras no presente* para pagar todas as suas *dívidas* e ainda reservar de forma planejada uma expressiva *capacidade mensal de poupança* para seus investimentos nos sonhos do futuro — e o maior é a aposentadoria. Então, enfim, este é o momento ideal para se fazer a pergunta: exatamente para qual (ou quais) aplicação(ões) devo direcionar meu *esforço poupador & investidor mensal?*

QUAIS?

As aplicações pessoais mais *rentáveis, seguras, líquidas, acessíveis* e *práticas* costumam ser as aplicações *financeiras*. O Brasil, que tem um mercado financeiro e de capitais bastante desenvolvido, é um país com excelente oferta de boas aplicações de natureza financeira para o pequeno e médio investidor, tanto a curto, médio ou longo prazo — neste último caso se encaixam os investimentos voltados para sua acumulação rumo à aposentadoria. Antes, porém, de mergulharmos nas aplicações financeiras em busca de formar a reserva necessária de seu projeto de previdência particular, preciso dar a você um rápido esclarecimento sobre um tipo de aplicação *não* financeira que seduz muita gente quando o assunto é aposentadoria: os *imóveis*. Cobiçados por serem bens de raiz, com existência material concreta, imóveis podem de fato ser opções interessantes para pessoas já aposentadas. Se você escolher casas, apartamentos, conjuntos comerciais, terrenos ou galpões com *boa locabilidade*, verá que imóveis podem ser uma interessante possibilidade de ativo gerador de renda durante o *período do usufruto* de sua aposentadoria (exploraremos melhor esse raciocínio no capítulo 13).

ANTES, NÃO

Devemos ter em vista que para o *período da acumulação* os imóveis apresentam uma séria limitação: eles têm valor muito elevado, de centenas de milhares de reais, o que os torna pouco acessíveis. Comprar um imóvel através de financiamento só será vantajoso se a operação for feita pelo Sistema Financeiro de Habitação, mas o SFH apenas serve para seu primeiro imóvel de residência, e não se aplica à compra de imóveis de locação para a aposentadoria. Portanto, se você é desses que pensam em ter um ou mais imóveis em sua carteira de aposentado na fase do benefício ou usufruto, o SFH não lhe será útil. O ideal, nesse caso, seria juntar o dinheiro em aplicações financeiras durante a fase da acumulação para, só mais à frente, já próximo da aposentadoria, poder comprar seu(s) imóvel(is) de locação à vista e com desconto. Em tempo: *consórcio* não incide juros no financiamento, mas o imóvel costuma ficar de 20% a 35% mais caro por causa de taxas de administração, seguro e fundo de reserva. Já os *fundos imobiliários*, que podem ser um investimento bastante interessante, estão mais próximos de uma aplicação de natureza financeira do que de um imóvel enquanto ativo físico.

QUALIDADES IMPORTANTES DAS BOAS APLICAÇÕES FINANCEIRAS

QUADRA DE OURO

Para aplicar com competência, visando uma aposentadoria próspera, é preciso que você entenda alguns conceitos fundamentais da dinâmica dos investimentos no mercado financeiro brasileiro e como o previdente bem planejado pode se beneficiar das boas ofertas que temos por aqui. Qualquer alternativa de aplicação disponível no mercado financeiro sempre apresentará um conjunto de *características essenciais* que, na prática, definirão quão boa cada uma dessas alternativas pode ser para seus esforços poupadores & investidores mensais. Essas qualidades fundamentais de qualquer aplicação financeira são: *rentabilidade*, *segurança*, *liquidez* e *acessibilidade & praticidade*.

RENTABILIDADE

Está relacionada a quanto você ganha sobre o que aplica. O que lhe interessa, na verdade é a rentabilidade *líquida* (descontando-se impostos e taxas aplicáveis) *real* (acima da inflação) *mensal*, e não o conceito distorcido de rentabilidade bruta nominal mensal que bancos, financeiras e até boa parte da imprensa especializada em finanças costumam divulgar. Diante disso, existem basicamente *três grandes grupos* de boas aplicações financeiras acessíveis para quem deseja ativar seu projeto de previdência particular: o que vai variar de um grupo para o outro é, essencialmente, a *rentabilidade líquida nominal mensal* (RLNM) que pode ser obtida em cada conjunto de aplicações. Elas estão detalhadas a seguir:

1. **TRADICIONAIS**: Caderneta de Poupança e similares, como Fundos de Investimento Financeiro conservadores (FIFs dos tipos DI ou Renda Fixa), CDBs, LCAs e LCIs (de pequeno valor) ou ainda planos de previdência privada conservadores. RLRM = 0,55%.

2. **DINÂMICAS**: títulos da Dívida Pública Brasileira via Tesouro Direto (em condições normais de mercado) ou planos de previdência privada de moderados a dinâmicos. RLRM = 0,75%.

3. **SUPERDINÂMICAS**: títulos públicos via Tesouro Direto em condições "turbinadas" de mercado (ou seja, com juros básicos especialmente

elevados, exatamente como observamos na maior parte dos últimos vinte anos), ações de boas empresas (compradas aos poucos, em uma estratégia construtora) ou ainda planos de previdência privada mais arrojados. RLRM = 0,95%.

SEGURANÇA

Refere-se à probabilidade de o investidor chegar a *perder* uma parte do capital (ou todo ele!) que havia empatado em uma determinada aplicação. Mas o conceito de segurança não pode parar por aí: ele também está relacionado à probabilidade de *ganhar* de fato aquilo que você projetava ganhar quando escolheu determinada aplicação. Assim, a noção de segurança numa aplicação financeira existe com relação ao desejo de preservação do capital inicial investido, sem dúvida, mas também à expectativa do ganho de juros sobre juros (juros acumulados) nessa aplicação. Um investimento só pode ser considerado verdadeiramente seguro quando cobrir esses dois aspectos.

LIQUIDEZ

É a velocidade com que se conseguirá resgatar (liquidar) o capital alocado em certa aplicação. A rapidez com que o dinheiro retorna para o bolso de seu verdadeiro dono (você). Quanto mais elevada a liquidez, maior agilidade e flexibilidade no uso do dinheiro terá o aplicador. Agora pense com foco na aposentadoria: esse é um dinheiro que se acumula a longo e longuíssimo prazos, então, é lógico concluir que na estratégia de aplicação de seu projeto de previdência particular não fará sentido sacrificar a rentabilidade (e isso invariavelmente acontece) para prezar por uma liquidez desnecessária de curto ou médio prazo.

ACESSIBILIDADE & PRATICIDADE

O valor mínimo que lhe pedem de investimento inicial e ou de aportes regulares (novas aplicações a cada mês) para você poder ter acesso a determinada aplicação deve influenciar muito a sua escolha. Naturalmente, quanto maior for a *acessibilidade* para um mesmo determinado patamar de rentabilidade obtida, melhor. Além disso, a *praticidade* também deve nortear a escolha do destino dos esforços poupadores & investidores de seu projeto de previdência: há investimentos promissores, mas que dão muito trabalho para acompanhar e gerenciar, consumindo um tempo e uma energia (e preocupação!) que a maior parte de nós simplesmente não tem disponível.

PRIORIZE O DINAMISMO

Uma coisa é inegável, e já pudemos apurar isso na ponta do lápis na Seção 2 desta obra, quanto *mais dinâmica* em termos de *rentabilidade* for a aplicação escolhida, sem abrir mão de elevada *segurança*, *menor* será o *esforço* poupador & investidor mensal requisitado para se atingir a reserva projetada até a idade certa planejada para sua aposentadoria. Simetricamente, podemos afirmar que quanto maior o dinamismo aplicador para um mesmo determinado volume de esforço mensal, maior poderá ser a reserva acumulada. Portanto, preste bastante atenção às ponderações sobre os grupos de aplicações financeiras a seguir e faça a escolha mais dinâmica que couber em suas expectativas de previdente dinâmico.

Capítulo 10

FASE DA ACUMULAÇÃO (OU ESFORÇO): INVESTIMENTOS TRADICIONAIS DE RENDA FIXA

CADERNETA DE POUPANÇA: A MAIS TRADICIONAL DAS TRADICIONAIS

Devagar e sempre

Boas aplicações financeiras sempre poderão levar você a uma aposentadoria próspera. Se forem aplicações mais tradicionais, aquelas normalmente conhecidas como mais "tranquilas", talvez não lhe rendam aquele dinheiro todo, e, portanto, custarão um esforço maior e/ou levarão mais tempo para lhe fornecer a reserva total necessária para gerar sua renda mensal de aposentado, após a idade certa planejada.

Velha dama

Assim é a velha e boa Caderneta de Poupança: todos a conhecem, todos já aplicaram, aplicam ou aplicarão seu dinheiro nela algum dia. E não é para menos, a Poupança oferece grande *acessibilidade* e é a mais democrática e tolerante das aplicações financeiras: não é preciso ter conta corrente em banco para abrir uma e ela aceita quaisquer valores de depósitos ou resgates, a qualquer hora. Para quem não gosta de correr maiores riscos, *segurança* aqui é a palavra-chave nesse caso: a Poupança é contemplada pela cobertura do FGC | Fundo Garantidor de Crédito até o limite de R$ 250 mil por banco, por CPF de aplicador. Criada em 1861, ainda no Império, a "avozinha" das aplicações financeiras no Brasil, além de ser campeã imbatível de *acessibilidade & praticidade*, apresenta uma inegável combinação de boa *liquidez* com boa *segurança*. Mas...

Pouco, né?!

Em termos de *rentabilidade*, tamanha tranquilidade não poderia vir acompanhada de ganhos tão atrativos assim. Pode-se esperar da Caderneta algo entre 0,50% e 0,60% de rentabilidade mensal; dificilmente qualquer coisa acima desse patamar. É claro que não se trata de um ganho fenomenal, mas a vantagem é que estamos falando aqui de uma rentabilidade que é líquida, já que essa aplicação não cobra nenhum tipo de taxa, nem paga Imposto de Renda. Há quem reclame do rendimento "mirrado" da Poupança, o que é, de certa forma, uma injustiça. Se render, por exemplo, 0,55% líquido nominal ao mês, mesmo após descontarmos a inflação projetada de 0,40% ao mês (4,90% ao ano), isso ainda resultará em 0,15% de rentabilidade real líquida mensal (RLRM). Pode parecer pouco, mas, pelo princípio dos juros compostos, isto resulta em um ganho acumulado de 1,82% real líquidos em um ano, quase 20% em dez anos, ou mais de 100% em quarenta anos. O grande problema aqui é que a Poupança tem anos bons — como 2017, em que a inflação fica baixinha (menor que 5% ao ano), e isso favorece a metodologia do cálculo da Caderneta, que paga 0,5% ao mês + TR (algo superior, portanto, a 6% ao ano) —, mas pode haver também anos ruins para a Caderneta — como 2015, em que a inflação dispara (maior que 10% no ano) e come uma parte de sua rentabilidade nominal, impondo ao aplicador uma perda em termos reais (quase 3% em 2015)! Esta *inconstância* na rentabilidade acaba sendo o principal fator de desagrado para o aplicador de longo prazo.

APLICAÇÕES TRADICIONAIS SIMILARES: DETALHES VARIAM, MAS NÃO A ESSÊNCIA

Muito Parecidos

Muito parecidos, de certa forma, com a Caderneta de Poupança são os títulos de bancos, como CDBs, LFs, LCIs e LCAs. Se forem emitidos por bancos de primeira linha, a *segurança* desses títulos bancários será muito elevada. Os demais, que não têm a mesma segurança na origem de sua emissão, contam com a cobertura complementar do FGC | Fundo Garantidor de Crédito, até o limite de R$ 250 mil por banco, por CPF, por CNPJ (cobertura válida para qualquer banco, de primeira linha ou não). Todos estes títulos são aplicações de grande *praticidade* (é só ligar para o gerente do banco ou contratar via *internet banking*), mas a *rentabilidade*, a *liquidez* e a *acessibilidade* são bem diferentes dos parâmetros oferecidos pela Poupança.

LCIs & LCAs

As LCIs | Letras de Crédito Imobiliário e as LCAs | Letras de Crédito do Agronegócio, apesar de sua elevada *segurança*, nem sempre são oferecidas pelos bancos. Sua oferta dependerá do momento de mercado, variando com a demanda dos clientes bancários empresariais por empréstimos para projetos no setor imobiliário ou agropecuário, operações que dão *lastro* a essas letras e sentido a sua captação. O banco não cobra taxas para se aplicar em LCI e LCA, e esses papéis também não exigem pagamento de IR. Parece muito bom, mas, assim como a Caderneta, LCIs e LCAs oferecem uma *rentabilidade líquida* bastante comedida, principalmente para quantias inferiores a R$ 100 mil aplicados, o que reduz muito a *acessibilidade* a esse tipo de investimento. LCIs e LCAs tornam-se, portanto, pouco adequadas para receber seus esforços poupadores & investidores mensais. Elas passarão a ser interessantes apenas quando você já tiver várias dezenas (ou algumas centenas!) de milhares de reais acumulados em seu projeto de previdência particular, hipótese na qual essas letras — aí sim! — poderão apresentar RLRM similar às das aplicações dinâmicas.

CDBs

Os CDBs | Certificados de Depósito Bancário pagam bem melhor que LCIs e LCAs em termos de rentabilidade *nominal*. Porém, como recolhem Imposto de Renda, os CDBs acabam com rentabilidade líquida real mensal (RLRM) muito parecida. Veja a tabela do IR para todas as aplicações conservadoras de renda fixa (exceto Caderneta, LCIs e LCAs), que mostra alíquotas decrescentes à medida que o prazo de aplicação é esticado (quanto *maior* o prazo, *menor* a carga tributária):

- **22,5%** de IR sobre os ganhos brutos (*não* sobre o total investido!) para aplicações no prazo de até **6 meses**.
- **20%** para aplicações feitas **entre 6 meses e um ano**.
- **17,5%** para aplicações realizadas **entre um e dois anos**.
- **15%** para aplicações com prazo **acima de dois anos**.

LFs

As chamadas LFs | Letras Financeiras, também de elevada *segurança* e *praticidade*, oferecem até um pouquinho mais em termos de *rentabilidade* que os CDBs, mas são bem restritas quanto à *acessibilidade*, porque exigem aplicações mínimas de R$ 150 mil para um período mínimo de dois anos.

FIFs

Os chamados FIFs | Fundos de Investimentos Financeiros conservadores, do tipo DI ou Renda Fixa, investem seus patrimônios em CDBs, LFs, LCIs e LCAs de grandes bancos ou em debêntures de grandes empresas, mas essencialmente em títulos da dívida pública brasileira. São, portanto, de elevada *segurança*, e vários deles têm boa *acessibilidade*: aceitam aplicações a partir de poucas centenas de reais. Considerando uma gestão competente do patrimônio do fundo, estes FIFs conservadores até que conseguem apresentar boa rentabilidade *nominal*. O que atrapalha sua rentabilidade *líquida*, no entanto, é o fato de que, a cada seis meses, aplica-se o chamado come-cotas: uma parte (calculada como algo entre 0,5% e 2,5% ao ano) é deduzida da sua reserva para pagar a *taxa de administração* sobre o patrimônio, além do próprio IR que deve ser recolhido sobre a rentabilidade, seguindo as alíquotas da tabela apresentada acima.

Planos de Renda Fixa

Por fim, encaixam-se nessa categoria das aplicações financeiras *tradicionais* os planos de previdência privada conservadores de Renda Fixa. Como o foco deste livro é justamente a aposentadoria, e esse tipo de plano pode trazer vantagens muito peculiares para seu projeto de previdência particular, dedicaremos a Seção 5 exclusivamente a essa modalidade de investimento, provavelmente a mais indicada em quesito de *rentabilidade*, *segurança*, *acessibilidade & praticidade* diferenciadas aos poupadores previdentes.

Capítulo 11

FASE DA ACUMULAÇÃO (OU ESFORÇO): INVESTIMENTOS DINÂMICOS DE RENDA FIXA OU MISTA

TÍTULOS DO TESOURO DIRETO: SEGUROS E MUITO RENTÁVEIS!

Rentabilidade diferenciada

Os títulos públicos comprados (durante os longos anos da fase da *acumulação*) e depois vendidos ou "colhidos" (maturados na fase do benefício) em seu projeto de previdência particular, além de muito seguros, em comparação com as aplicações tradicionais, oferecem uma surpreendente diferença positiva em termos de sua *rentabilidade líquida real acumulada* ao longo dos anos. A rentabilidade líquida real *mensal* fica entre 0,20% e 0,40%. E embora isso possa parecer pouco, a rentabilidade *acumulada* mostra a enorme vantagem multiplicadora desse "pequeno" diferencial mensal:

- EM **DOIS** ANOS: 5% a 10%
- EM **CINCO** ANOS: 13% a 27%
- EM **DEZ** ANOS: 27% a 61%
- EM **VINTE** ANOS: 49% a 161% (capital pode dobrar!)
- EM **TRINTA** ANOS: 105% a 221% (capital pode triplicar!)

Renda fixa

Além do aval de credibilidade do Tesouro Nacional do Brasil, talvez a mais louvável característica comum entre os três grupos de títulos do Tesouro Direto é que todos eles são de *renda fixa* (seja *pré-fixada*, *pós-fixada*, ou *híbrida = pré + pós*). Qualquer título público se compromete a pagar ao aplicador uma determinada rentabilidade que é previamente pactuada entre governo e investidor, e fechada no momento da compra do título. A métrica de rentabilização de qualquer título público é sempre definida (fixada) no momento da aplicação. No momento futuro da liquidação natural do título, tendo transcorrido completamente seu prazo de maturação, o dinheiro retornará para a conta do aplicador com o acréscimo da exata rentabilidade fixada no ato da compra (descontados o IR e a pequena taxa de custódia de 0,30% ao ano da BM&FBovespa).

Liquidez diária

Se o investidor por acaso não puder (ou não quiser) esperar atingir o prazo de vencimento natural dos títulos federais que comprou, é possível desfazer-se deles a qualquer momento, com o reembolso do seu dinheiro em um ou dois dias úteis depois da venda. Com o objetivo de dar ampla liquidez aos títulos públicos adquiridos via Tesouro Direto, o Tesouro Nacional realiza recompras diárias, a qualquer hora e dia da semana. Essa liquidez diária, mesmo não sendo uma necessidade concreta do previdente que aplica sempre a longo ou longuíssimo prazo, confere bastante tranquilidade ao aplicador, que não terá o seu dinheiro necessariamente "amarrado" a suas aplicações em títulos públicos. Assim, caso seu plano de investimentos tenha de ser revertido em função de alguma mudança de rota emergencial em sua vida (como um eventual desemprego, um acidente ou outro motivo grave de saúde), você poderá liquidar sua posição no TD e resgatar suas economias a qualquer momento.

Cautela

É claro que é melhor que você *não precise* fazer esse resgate, mas poderá *escolher* fazê-lo se a mudança brusca de circunstâncias em sua vida financeira lhe indicar que essa é a providência mais adequada para o momento. Nunca é recomendável que a venda antecipada de seus títulos públicos ocorra por um motivo de força menor, porque um bom projeto de previdência particular é feito justamente para ser executado até a data certa da sua aposentadoria. Somente essa disciplina e perseverança poderão levá-lo a uma grande conquista de prosperidade na melhor idade! No entanto, como ninguém está livre de imprevistos (se forem mesmo imprevistos!), poder contar com a liquidez diária do Tesouro Direito será sempre reconfortante.

TESOURO DIRETO:
A DUPLA RENTABILIDADE DO TESOURO IPCA+

Híbridos

Dentre as três famílias de títulos do Tesouro Direto, uma imediatamente se destaca quando o assunto é *aposentadoria*. Os chamados títulos do tipo TESOURO IPCA — nome popular pelo qual esses títulos são encontrados no Tesouro Direto, ou Notas do Tesouro Nacional da Série B (NTNBs), conforme sua especificação técnica pelo emissor, o Tesouro Nacional — são títulos que têm uma natureza híbrida em sua métrica de rentabilização, que se dá com a soma de dois lados:

- Parte da rentabilidade é totalmente *pré-fixada*, pois o investidor fica conhecendo já no ato da compra a rentabilidade bruta (informada em % ao ano) que irá ganhar se segurar esse título até seu vencimento;

- outra parte, porém, é *pós-fixada*, pois o título pagará o que der a inflação do IPCA | Índice de Preços ao Consumidor Amplo (IBGE) acumulada entre a data da compra e a data do vencimento do título (durante seu prazo natural de maturação após a compra).

Proteção

Os IPCA+ são títulos públicos especialmente indicados ao investidor que deseja se proteger da elevação da inflação brasileira nos próximos anos, supondo que ela poderá sofrer um eventual processo de preocupante *aceleração* em determinados momentos. E um processo inflacionário acelerado sempre desgasta o poder de compra de reservas expressivas acumuladas, eventualidade à qual um planejador previdente competente simplesmente não deve/pode se expor.

Rentabilidade e prazo

Os IPCA+ oferecem *rentabilidade* bastante diferenciada diante das modalidades mais convencionais de aplicações com que se comparam no mercado, como a Caderneta de Poupança, os FIFs, os CDBs, as LFs, as LCAs e as LCIs. Quanto ao *prazo de maturação*, partindo da disponibilidade desses títulos no canal Tesouro Direto no início de 2017, observamos que eles apresentavam seis possibilidades de aplicação, tanto na faixa de *longo prazo* (cinco a dez anos) como também — em algumas opções bem interessantes — na faixa do *longuíssimo prazo* (acima de dez anos), todos eles sendo títulos muito adequados quando o objetivo é acumular para a aposentadoria:

- **IPCA+ 2024** (venc. 15/08/24) => **7,5 anos**
- **IPCA+ c/ Juros Sem. 2026** (venc. 15/08/26) => **9,5 anos**

- **IPCA+ 2035** (venc. 15/05/35) => **18,5 anos**
- **IPCA+ c/ Juros Sem. 2035** (venc. 15/05/35) => **18,5 anos**
- **IPCA+ 2045** (venc. 15/05/45) => **28,5 anos**
- **IPCA+ c/ Juros Sem. 2050** (venc. 15/08/2050) => **33,5 anos**

Acessíveis!

No tocante aos *valores dos títulos para compra*, considerando tanto o *título inteiro* quanto a *menor fração* adquirível, no início de 2017 tínhamos o seguinte painel:

- **IPCA+ 2024** => R$ 2 mil **(2% = R$ 40 mín.*)**
- **IPCA+ c/ Juros Sem. 2026** => R$ 3.100 **(1% = R$ 31 mín.*)**
- **IPCA+ c/ Juros Sem. 2035** => R$ 3.300 **(1% = R$ 33 mín.*)**
- **IPCA+ 2035** => R$ 1.200 **(3% = R$ 36 mín.*)**
- **IPCA+ 2045** => R$ 730 **(2% = R$ 36 mín.*)**
- **IPCA+ c/ Juros Sem. 2050** => R$ 3.400 **(1% = R$ 34 mín.*)**

Dica esperta

Se estiver interessado em explorar em detalhes essa próspera modalidade de investimento que são os títulos públicos, deixe-me recomendar um guia prático, muito útil, que inclusive traz fotos ilustrando todo o

---

* O valor mínimo para investimento no Tesouro Direto é de R$ 30,00, sendo possível adquirir de 1% em 1% de cada título a partir deste valor mínimo.

processo de abertura de sua conta em uma corretora *on-line* e explica detalhadamente como comprar (aplicação) e vender (resgate) títulos públicos: o *best-seller* de minha autoria **Tesouro Direto — a nova Poupança**, publicado pela Faro Editorial e disponível em toda a rede livreira nacional.

Planos Dinâmicos Compostos

Por fim, encaixam-se também nesta categoria das aplicações financeiras *dinâmicas* os planos de previdência privada dinâmicos compostos, ou seja, de renda mista, combinando ativos de renda *fixa* com outros de renda *variável*. Como o tema central desta obra é a aposentadoria, e esse tipo de plano traz características próprias que podem acelerar seu projeto de previdência particular, dedicaremos a Seção 5 deste livro a esse tipo específico de investimento, pois você possivelmente desejará utilizá-lo ao planejar sua estratégia investidora rumo à reserva total necessária para se aposentar com dignidade financeira.

Capítulo 12

FASE DA ACUMULAÇÃO (OU ESFORÇO): INVESTIMENTOS SUPERDINÂMICOS DE RENDA VARIÁVEL

GANHAR MAIS COM AÇÕES, SEM PERDER A SEGURANÇA!

É possível?

Os bons investimentos em ações costumam apresentar um prazo de maturação *longo*, e, por conta disso, são indicados para planos com horizonte de investimento também *longo*, pelo menos superior a cinco anos, justamente como é o caso de um projeto de previdência particular. Em um intervalo de tempo mais prolongado, as ações de maior liquidez (as mais negociadas pelo mercado como um todo) da BM&FBovespa tendem a superar momentos de preços deprimidos e conseguem se valorizar de forma muito diferenciada diante das aplicações convencionais — e até mesmo dos títulos públicos — devido ao seu dinamismo. Neste capítulo, você encontrará uma proposta de estratégia para *ganhar mais* com ações ao mesmo tempo em que preserva sua *segurança* como investidor previdente.

Calma

Começo esclarecendo que ganhar *mais* com ações não significa ganhar uma *fortuna*; portanto, não se deve ter como objetivo ganhos exuberantes e astronômicos. Desejo, então, esclarecer que a estratégia aqui sugerida propõe que você consiga com seus investimentos em ações "apenas" uma modesta diferença na *rentabilidade nominal mensal* perante as aplicações convencionais, sem ganhos mágicos instantâneos (que certamente exporiam o dinheiro do seu esforço poupador & investidor mensal a riscos indevidos). Ao adotar o caminho aqui sugerido você poderá constatar uma diferença surpreendente na rentabilidade *real* obtida e uma diferença positiva quase inacreditável na rentabilidade *acumulada* ao longo do tempo com o investimento seguro em ações. Justamente por isso é que precisamos contar com um intervalo grande de tempo para colher resultados de fato diferenciados com aplicações no mercado acionário, preservando, acima de tudo, a segurança que todo aposentado precisa ter.

Rentabilidade

As ações de boas empresas brasileiras, se for seguida a estratégia aqui proposta, podem tranquilamente lhe pagar algo em torno de 1,20% ao mês de *rentabilidade bruta nominal mensal média* no longo prazo (horizontes de investimento a partir de cinco anos). Descontando-se daí os 15% de *Imposto de Renda* incidentes sobre os ganhos com ações em qualquer prazo de aplicação (exceto *day trade* = 20%), e deduzindo-se também *taxas de corretagem* sobre o ganho bruto, chegamos a algo próximo de 1% ao mês de rentabilidade *líquida*. Para efeito dos nossos cálculos, por uma questão de conservadorismo, consideraremos uma rentabilidade líquida real mensal ainda menor, de somente 0,95% (menos de 1% ao mês).

Diferença

Subtraindo-se desse valor a inflação de 0,40% ao mês, chegamos à rentabilidade líquida *real* mensal de 0,55%. Esse número corresponde a "apenas" cerca de 60% a mais do que os títulos públicos (que pagam 0,35% ao mês) e atinge 270% a mais do que a remuneração líquida real da Poupança (que paga 0,15% em ano bom, de inflação controlada). Sim, a diferença mensal é aparentemente pequena demais: *ações × títulos públicos* de 0,20% ao mês (= 0,55% ações – 0,35% títulos), e *ações × Caderneta* de 0,40% ao mês (= 0,55% ações – 0,15% Caderneta). No entanto, pelo poderoso princípio enriquecedor dos *juros compostos*, se diferenças mensais discretas forem acumuladas umas sobre as outras ao longo do tempo, potencializando-se e produzindo múltiplos diferenciados, elas farão seu investimento em ações resultar em ganhos *dezenas de vezes* superiores àqueles conseguidos nas aplicações financeiras convencionais. E isso sem correr riscos desnecessários. Ao invés de *alavancar* com ações você pode optar por *construir* uma carteira sólida para realizar seus sonhos de prazo mais longo e maior calibre financeiro.

Medo?

Você pode estar lendo este livro justamente em dias de "bolsa ruim", ou seja, períodos de queda acentuada no Ibovespa (o principal índice de ações da BM&FBovespa). Porém, não desanime com flutuações de curto ou curtíssimo prazo, nem mesmo com períodos de baixa na bolsa a médio prazo. Mantenha o foco sempre no longo prazo, e as ações das boas companhias brasileiras de capital aberto farão sua parte em favor de suas economias — não se esqueça de que você pode contar com essa força multiplicadora. Farei aqui uma afirmação *forte*, e acreditar nela pode selar seu destino como aplicador previdente superdinâmico: é simplesmente *natural* que boas ações se valorizem de forma diferenciada no longo prazo.

Simples

A tese fundamental que dá base à expectativa de ganhos diferenciados com ações no longo prazo é muito simples e crível. Empresas competitivas e competentes, ou seja, companhias com estratégias de negócios bem posicionadas em setores promissores da economia, e com negócios bem geridos por seus administradores, tenderão a apresentar lucratividade diferenciada em suas operações com o passar dos anos. Esta é uma "aposta" para lá de certeira, pois está calcada no mais puro bom senso econômico-financeiro da atividade empresarial, em vigor desde que o mundo é mundo: competitividade e competência empresarial produzem lucros corporativos que se destacam com o passar do tempo. A longo prazo, esse desempenho empresarial (e financeiro) diferenciado será inevitavelmente reconhecido pelo mercado através de uma valorização também diferenciada nos preços de suas ações negociadas em bolsa de valores. Afinal, o mercado financeiro é basicamente livre, seus participantes tentam, o tempo todo, obter maiores ganhos de forma consistente e acabam, naturalmente, demandando com mais intensidade aqueles ativos financeiros de comprovada consistência econômica, o que faz com que esses ativos se valorizem de forma diferenciada com o passar dos anos.

BOLSA A CURTO PRAZO × BOLSA A LONGO PRAZO

Volatilidade

No curtíssimo prazo, no curto ou até mesmo no médio prazo, a dinâmica de formação de preços no mercado de ações pode escapar à lógica dos bons fundamentos econômicos e pender provisoriamente para uma condução nada além de especulativa. São três os principais fatores que podem sustentar a irracionalidade das bolsas em prazos mais curtos:

- A economia é cíclica, e dá natural ensejo a altos e baixos em todos os mercados, inclusive nos mercados financeiros, que englobam o mercado acionário.

- Os mercados financeiros têm todos os tipos de *players*, inclusive especuladores aos montes, e a atividade desses jogadores do mercado pode intensificar a volatilidade nas bolsas no curto prazo quando há ensejo macroeconômico momentâneo para tanto (notícias negativas no *front* econômico) ou boatos de natureza política, por exemplo.

- As principais bolsas de valores do mundo, assim como a nossa BM&FBovespa, são hoje bolsas globalizadas, e por isso estão sujeitas aos movimentos oscilatórios das economias e dos mercados financeiros mundiais.

Já no longo prazo...

É necessário reconhecer que no Brasil, bem como em qualquer outra economia pujante do mundo, o mercado acionário tem uma *racionalidade de longo prazo* que tende a valorizar de forma diferenciada ativos financeiros de verdadeira qualidade intrínseca, aqueles que têm seu lastro na exploração de uma atividade econômica bem focada, bem administrada e operacionalmente lucrativa. Esses ativos podem cair muito de preço em determinados momentos mais especulativos do mercado, mas, ao mesmo tempo, se tendem a ficar muito baratos com o passar do tempo, atraem a atenção de compradores internacionais em busca de boas ofertas. É a velha e boa *lei da oferta e da procura* trabalhando a favor da estabilização e racionalização dos mercados de valores mobiliários ao longo do tempo. Na prática, as estatísticas de longo prazo das bolsas comprovam essa tese. Se você enxerga motivos para concordar com esse raciocínio (e é fundamental que tenha sua própria opinião formada a respeito, porque o projeto de previdência particular é *seu*, e o dinheiro *é seu*), então não resta dúvida de que as ações de boas empresas brasileiras são as aplicações financeiras mais indicadas para seus planos de investimentos de prazo longo ou longuíssimo, como é o caso da aposentadoria.

PREVIDÊNCIA PARTICULAR

COMO A RENTABILIDADE SUPERDINÂMICA PODE REDUZIR SEU ESFORÇO POUPADOR

Na ponta do lápis

Seguindo nosso exemplo da Seção 2 deste livro, voltemos a imaginar que você queira acumular a reserva total de R$ 1 milhão (em valores de hoje) para sua aposentadoria. Digamos que você esteja com 35 anos e queira atingir a bolada milionária aos 65 anos; você terá, portanto, trinta anos (= 360 meses) de horizonte de investimento pela frente. Vamos montar esse plano em nossa Calculadora de Investimentos Mais Dinâmicos, o INVESTÔMETRO®:

SEU SONHO:	QUERO ME APOSENTAR COM UM MILHÃO!		DATA DA CONQUISTA:	2048
PLANO DE INVESTIMENTOS	VALOR DE TABELA **ATUAL** DO SEU SONHO (VALOR A MERCADO)		$ 1.000.000	ESSE VALOR É REALISTA?
	POSSÍVEL **DESCONTO** PERCENTUAL SE TIVER PARA QUITAR À VISTA			
	RESERVA FINANCEIRA QUE VOCÊ JÁ TENHA E POSSA USAR (PV)			TEM MESMO ESSE VALOR?
	PRAZO PLANEJADO (MESES) PARA REALIZAR SEU SONHO (n)		360 MESES	30,0 ANOS
	TAXA DE **INFLAÇÃO** (ANUAL) QUE ENCARECERÁ O SEU SONHO (i)		4,90% / ANO	0,40% / MÊS
	VALOR DE TABELA DO SONHO **CORRIGIDO** PARA O FINAL DO PRAZO (FV)		$ 4.200.149	PROJETADO PARA A ÉPOCA

Ah, a inflação!

Antes de mais nada, observe que esse R$ 1 milhão que você ambiciona ter em valores de hoje, por causa da inflação de preços que ocorre com o tempo, terá de ser R$ 4,2 milhões daqui a trinta anos, apenas para manter o poder de compra do dinheiro e repor o desgaste do poder aquisitivo da moeda com os contínuos aumentos de preços acumulados ao longo dos anos. Ou seja, para comprar daqui a três décadas o que compraria hoje com R$ 1 milhão, você precisará de R$ 4,2 milhões. É muito importante levar isso em consideração nas contas de seu plano, lembrando sempre que a *força enriquecedora* dos ganhos nas aplicações supera (e muito!) a *força empobrecedora* da inflação, e partir daí para

4. ALOCAÇÃO

calcular o volume de esforço poupador & investidor mensal pedido em cada tipo de aplicação: *tradicional* × *dinâmica* × *superdinâmica*.

Na ÁREA 1 | APLICAÇÃO TRADICIONAL do INVESTÔMETRO®, considerando a Caderneta de Poupança e investimentos conservadores assemelhados:

1		RLNM	RLRM
TRADICIONAL	RENTABILIDADE LÍQUIDA (NOMINAL X REAL) MENSAL: RL**N**M X RL**R**M (i)	0,55% NOM.	0,15% REAL
	ESFORÇO POUPADOR & INVESTIDOR = MENSALIDADE FIXA (PMT)	$ -3.724	O QUE VOCÊ DEVE APLICAR
	SEU CUSTO (CORRIGIDO PARA O FUTURO) = ESFORÇO DO SEU **TRABALHO**	$ -2.983.356	71% DO TOTAL
	GANHOS DE JUROS + DESCONTO À VISTA = ESFORÇO DO SEU **DINHEIRO**	$ 1.216.792	29% DO TOTAL

- Esforço poupador & investidor mensal = **R$ 3.724**
- Seu custo (corrigido) = esforço do *trabalho* = **R$ 3 milhões**
- Ganho de juros = esforço do *dinheiro* = **R$ 1,2 milhão**
- **Resultado do esforço total**: *você* = **71%** × *seu dinheiro* **29%**

Na ÁREA 2 | APLICAÇÃO DINÂMICA do INVESTÔMETRO®, considerando o investimento em títulos do Tesouro Direto, por exemplo:

2		RLNM	RLRM
DINÂMICA	RENTABILIDADE LÍQUIDA (NOMINAL X REAL) MENSAL: RL**N**M X RL**R**M (i)	0,75% NOM.	0,35% REAL
	ESFORÇO POUPADOR & INVESTIDOR = MENSALIDADE FIXA (PMT)	$ -2.294	O QUE VOCÊ DEVE APLICAR
	SEU CUSTO (CORRIGIDO PARA O FUTURO) = ESFORÇO DO SEU **TRABALHO**	$ -1.838.043	44% DO TOTAL
	GANHOS DE JUROS + DESCONTO À VISTA = ESFORÇO DO SEU **DINHEIRO**	$ 2.362.106	56% DO TOTAL

- Esforço poupador & investidor mensal = **R$ 2.294**
- Seu custo (corrigido) = esforço do *trabalho* = **R$ 1,8 milhão**
- Ganho de juros = esforço do *dinheiro* = **R$ 2,4 milhões**
- **Resultado do esforço total**: *você* = **44%** × *seu dinheiro* **56%**

Já na ÁREA 3 | APLICAÇÃO SUPERDINÂMICA do nosso INVESTÔMETRO®, investindo, por exemplo, em promissoras ações da BM&FBovespa:

3 SUPERDINÂMICA		RLNM	RLRM
	RENTABILIDADE LÍQUIDA (NOMINAL X REAL) MENSAL: RL<u>N</u>M X RL<u>R</u>M (i)	0,95% NOM.	0,55% REAL
	ESFORÇO POUPADOR & INVESTIDOR = MENSALIDADE FIXA (PMT)	$ -1.372	O QUE VOCÊ DEVE APLICAR
	SEU CUSTO (CORRIGIDO PARA O FUTURO) = ESFORÇO DO SEU **TRABALHO**	$ -1.099.294	26% DO TOTAL
	GANHOS DE JUROS + DESCONTO À VISTA = ESFORÇO DO SEU **DINHEIRO**	$ 3.100.854	74% DO TOTAL

- Esforço poupador & investidor mensal = **R$ 1.372**
- Seu custo (corrigido) = esforço do *trabalho* = **R$ 1,1 milhão**
- Ganho de juros = esforço do *dinheiro* = **R$ 3,1 milhões**
- **Resultado do esforço total**: *você* = **26%** × *seu dinheiro* **74%**

Comparando

Nesse plano de investimentos focado em sua aposentadoria, a Caderneta de Poupança já lhe prestaria um belo serviço, desenvolvendo quase 1/3 (29%) do esforço necessário para chegar a R$ 1 milhão em trinta anos. Uma ajudinha nada desprezível, não é? Mas há certa insegurança quanto à rentabilidade da Caderneta no longo prazo, porque ela depende muito da inflação e não se trata de uma rentabilidade contratada. Por outro lado, os títulos comprados via Tesouro Direto têm essa vantagem, e reforçariam bastante sua estratégia multiplicadora ao colocar no seu bolso mais da metade (56%) da reserva financeira almejada. Já podemos dizer que temos aqui um caminho tremendamente próspero!

Impressionante!

Boas ações de boas empresas brasileiras compradas na BM&FBovespa, no entanto, fariam 3/4 de todo o esforço (74%), deixando com você apenas uma pequena parcela (26%). A cada R$ 4 acumulados para sua aposentadoria você precisa colocar apenas R$ 1 de esforço! E agora responda-me: por que colocar R$ 3.724 na Poupança todos os meses se você pode aplicar em ações cerca de 1/3 disso, ou seja, R$ 1.372, para chegar exatamente ao mesmo sonho concretizado de ter R$ 1 milhão corrigido em valores da época daqui a trinta anos?

UMA ESTRATÉGIA PARA GANHAR MAIS COM AÇÕES DE FORMA SEGURA

Estratégia e foco!

Vou apresentar-lhe agora uma estratégia *cinco estrelas* para escolher exatamente *em quais ações* aplicar seu dinheiro para multiplicá-lo rumo à prosperidade na aposentadoria. Primeiro, vale relembrar que o investidor previdente, que aplica em ações para poder colher seus frutos vários anos depois, *jamais* deve estar preocupado com a oscilação do valor das suas ações de um dia para o outro, ou mesmo de um mês para o outro, nem sequer de um ano para outro. Para quem anda assustado com a acentuada flutuação nos preços das ações negociadas na BM&FBovespa desde o início da última grande crise mundial, venho fazer um alerta tranquilizador: a bolsa de valores não é um cassino, sua corretora não é um crupiê, suas ações não são fichas e o investidor construtor não é um apostador, muito menos um azarado. Nossa bolsa de valores é um mercado de investimentos sério, organizado e com excelente potencial de valorização diferenciada para investidores dispostos a investir em ações *sempre*, um "pouquinho" todos os meses, esquecendo as oscilações de curto prazo do mercado.

Certeiro!

O investidor que estiver disposto a direcionar seu esforço poupador & investidor mensal regularmente para a compra de boas ações, durante vários meses e anos rumo à idade certa para se aposentar, simplesmente não tem como errar. Ainda que escolha como alvo de seus investimentos uma ação que, em alguns momentos mais tensos de mercado, venha a se desvalorizar, esse investidor pode ganhar mais dinheiro do que um outro que aplique em uma outra ação com constante valorização. É isso mesmo que estou dizendo: dependendo das circunstâncias, é mais viável ganhar dinheiro com ações em um mercado acionário flutuante do que noutro puramente ascendente. Isto parece um contrassenso financeiro, mas o raciocínio fica bem claro quando posto na ponta do lápis.

DEVAGAR E SEMPRE, UM POUQUINHO TODO MÊS

Exemplo 1

Suponha um aplicador disposto a destinar R$ 1 mil todos os meses para um projeto de aposentadoria bem curtinho, com prazo de realização de apenas 61 meses (ele acordou tarde, mas como diz o velho ditado, antes tarde do que nunca!). Ciente de que tecnicamente dispõe do longo prazo (acima de cinco anos) para esperar amadurecer suas aplicações, tal investidor seleciona como destino para suas preciosas economias uma ação de uma determinada boa empresa, escolhida com todo o cuidado entre as mais líquidas do mercado. Essa ação está cotada a R$ 10 no primeiro mês de aplicação. Bem escolhida como foi, vamos imaginar que a partir daí ela comece a *subir* continuamente, valorizando-se à base de R$ 0,20 por mês, todos os meses, até chegar ao preço de R$ 22, após cinco anos (61 meses).

RESULTADO

O investidor terá conseguido comprar nesses meses todos 4.015 dessas ações, que valerão ao final do período R$ 22 cada, o equivalente a R$ 88.330 no total bruto. Após descontado o Imposto de Renda de 15% sobre os ganhos médios, sobrariam líquidos em seu bolso R$ 84.230. O ganho acumulado neste plano teria sido de R$ 24.230 ou 1,03% de rentabilidade líquida mensal média. Esta parece ter sido uma boa estratégia, pois seu resultado ficou bem próximo do que se pode esperar em termos de rentabilidade líquida diferencial para uma aplicação dinâmica no prazo de cinco anos. Este investidor previdente certamente ficará satisfeito.

Exemplo 2

Agora, imagine uma outra situação: o aplicador investe esses mesmos R$ 1 mil por mês em uma outra ação, também criteriosamente selecionada, também cotada a R$ 10 no primeiro mês de compra, mas com uma surpreendente diferença: logo no segundo mês ela começa a *despencar*, e continua caindo mês a mês, também à base de R$ 0,20 mensais, até chegar ao preço mínimo de R$ 4 no intervalo de dois anos e meio (aos 31 meses). Esta parece ter sido uma péssima aplicação, mas, confiante em sua escolha, o investidor segue fazendo os aportes mensais planejados de R$ 1 mil, comprando a cada mês a máxima quantidade dessas ações que sua mensalidade fixa lhe permite. Daí, a partir do trigésimo segundo mês, a ação começa a recuperar seu valor aos poucos, também à velocidade de R$ 0,20 por mês, até se concluírem os mesmos cinco anos da situação anterior (61 meses), quando a ação oscilante volta enfim a seu preço de largada, que era de R$ 10.

FRUSTRADO?

Apesar da recuperação, o preço apenas voltou ao patamar de cinco anos atrás! À primeira vista, essa escolha parece ter sido muito ruim, mas quando se trata de investimentos e finanças pessoais, as aparências enganam, e a prova tem de ser tirada na ponta do lápis. Você verá que uma ação *oscilante* pode render mais do que uma ação *ascendente*. Para quem há cinco anos fez uma compra única de ações por R$ 10, e 61 meses mais tarde foi vendê-las pelos mesmos R$ 10, depois de ter passado tanto nervoso com as oscilações de mercado, o negócio foi bem ruim mesmo, não há como negar. Mas algo bem diferente terá acontecido com quem seguiu comprando suas ações com regularidade, de forma estratégica e focada, aproveitando seu preço mais baixo para adquirir mais papéis com a mesma verba mensal enquanto o mercado caía. Nessa segunda situação, enquanto as ações barateavam, o investidor conseguiu comprar uma quantidade muito maior de papéis, acumulando um total de 9.264 ações. Ao final dos cinco anos, estando cotadas a R$ 10 cada, as ações oscilantes estocadas poderiam ser vendidas pelo valor bruto de R$ 92.647 e líquido de R$ 87.900 (descontado o IR de 15% sobre os ganhos), o que significa, em ganhos líquidos no bolso do aplicador, o valor de R$ 27.900, ou 1,16% de rentabilidade líquida mensal média. Enfim, uma rentabilidade *ainda maior* que no caso da ação em constante alta!

Moral da história

Para seu projeto de previdência particular, o bom é investir em ações *sempre*, um pouquinho todos os meses, sem se preocupar com as oscilações de curto prazo do mercado! Essa estratégia de comprar ações sempre, com regularidade mensal, é uma saída para "enganar o risco" das oscilações de curto prazo. Ao agir assim, o investidor garante para si a oportunidade de fazer um interessante preço médio na compra de ativos de qualidade, como as ações de boas empresas brasileiras, adquiridas em um mercado com inegável tendência para valorização diferenciada a longo prazo, como é o caso da banda boa da bolsa de valores em nosso país. Para o investidor que atua no mercado acionário como *comprador frequente*, não há o que lamentar: quando as ações desejadas estão caindo, a mesma mensalidade permite comprar mais ações. Quando elas estão subindo de valor, que que ótimo: é sinal de que seu estoque já formado nos meses e anos anteriores está se valorizando. Para o investidor previdente, que acredita na valorização diferenciada a longo prazo das ações de boas empresas brasileiras de capital aberto, simplesmente não há mês ou ano de bolsa ruim.

ENCONTRE SUAS CINCO ESTRELAS ENTRE AS CAMPEÃS DE LIQUIDEZ

Diversificando

O bom senso, mesmo de quem é leigo, indica que não é bom concentrar todas as suas aplicações em ações de uma única empresa, o que aumenta o risco de essa empresa eventualmente vir a frustrar suas expectativas de ganho. Também não convém carregar uma quantidade muito grande de diferentes tipos de ações na sua carteira, porque o simples acompanhamento delas vai lhe gerar muito trabalho, e isso acaba não compensando para o pequeno/médio investidor não profissional. Nem tanto à terra, nem tanto ao mar; nem superconcentrar, nem hiperdiversificar — essa é a minha recomendação, que vou detalhar melhor a seguir. Pois aqui está aqui o "mapa do tesouro" para selecionar as "melhores" ações do mercado, pelo menos para o investidor previdente.

Garimpando!

Entre no site da BM&FBovespa (www.bmfbovespa.com.br) e, a partir da página de entrada, siga este caminho de navegação: **PRODUTOS** (no menu principal) => **Índices** (na listagem que ali aparece) => **Amplos** (clicar) => **Ibovespa | Saiba mais** (clicar) => **Composição da carteira**

PREVIDÊNCIA PARTICULAR

(no menu dessa página, clicar) => na caixa **Consultar por**, selecionar **Setor de Atuação**.

Aparecerá, então, uma tabela com os dizeres: "Esta tabela considera as variações na participação de cada um dos papéis na composição total do índice, apuradas para a abertura do dia". Veja, na imagem a seguir, a parte inicial da tabela que obtive em consulta na data 08/MAR/2017, no link: http://www.bmfbovespa.com.br/pt_br/produtos/indices/indices-amplos/indice-ibovespa-ibovespa-composicao-da-carteira.htm (com a opção de consulta por Setor de Atuação). A tabela completa não cabe nas páginas de um livro, mas caberá tranquilamente na tela do seu computador:

Setor	Código	Ação	Tipo	Qtde. Teórica	%Setor Part. (%)	Part. (%)Acum.
Bens Indls / Máqs e Equips	WEGE3	WEG	ON ED NM	569.943.282	0,894	0,894
Bens Indls / Mat Transporte	EMBR3	EMBRAER	ON NM	734.249.372	1,235	1,235
Bens Indls/Transporte	CCRO3	CCR SA	ON NM	1.115.695.556	1,823	
	ECOR3	ECORODOVIAS	ON NM	198.961.859	0,167	2,569
	RUMO3	RUMO LOG	ON NM	751.875.556	0,579	
Cons N Básico / Alimentos Processados	BRFS3	BRF SA	ON NM	770.759.970	2,834	
	JBSS3	JBS	ON NM	1.552.601.664	1,581	4,592
	MRFG3	MARFRIG	ON NM	317.592.497	0,177	
Cons N Cíclico / Bebidas	ABEV3	AMBEV S/A	ON	4.376.500.804	6,749	6,749
Cons N Cíclico / Comércio Distr.	PCAR4	P.ACUCAR-CBD	PN N1	155.220.017	0,811	0,811
Cons N Cíclico / Pr Pessoal Limp	NATU3	NATURA	ON EDJ NM	172.108.137	0,427	0,427
Cons N Cíclico/Diversos	HYPE3	HYPERMARCAS	ON NM	402.869.293	1,001	1,001
Consumo Cíclico / Comércio	LAME4	LOJAS AMERIC	PN	524.961.325	0,815	2,324
	LREN3	LOJAS RENNER	ON NM	635.618.270	1,509	
Consumo Cíclico/Constr Civil	CYRE3	CYRELA REALT	ON NM	244.815.936	0,299	0,659
	MRVE3	MRV	ON ED NM	276.121.834	0,360	
Diversos	ESTC3	ESTACIO PART	ON NM	307.925.329	0,428	3,010
	KROT3	KROTON	ON NM	1.403.951.079	1,735	
	RENT3	LOCALIZA	ON NM	148.809.302	0,532	
	SMLE3	SMILES	ON NM	57.049.428	0,315	
Financ e Outros / Explor Imóveis	BRML3	BR MALLS PAR	ON NM	577.594.681	0,794	1,289
	MULT3	MULTIPLAN	ON N2	82.788.463	0,495	
Financ e Outros / Interms Financs	BBDC3	BRADESCO	ON EJ N1	565.828.635	1,655	29,742
	BBDC4	BRADESCO	PN EJ N1	2.667.162.309	8,070	
	BBAS3	BRASIL	ON ERJ NM	1.225.996.313	3,904	
	ITSA4	ITAUSA	PN ED N1	3.862.989.966	3,513	
	ITUB4	ITAUUNIBANCO	PN ED N1	3.154.543.181	11,404	

Listagem completa

Dê uma boa olhada nessa tabela: ela contém as sessenta ações mais negociadas na BM&FBovespa (no dia de sua consulta) e as ações se mostram organizadas por **Setor** | **Código** (de negociação) | **Ação** (empresa, para você reconhecer facilmente) | **Tipo** (não deve tomar muito de sua atenção) | **Quantidade teórica** (número que faz tal ação entrar para o índice) | **Participação** (% no índice: esse número lhe interessa muito) | **Participação setorial** (% acum.: da somas das ações do setor). Aqui estão as ações mais negociadas, as *campeãs de liquidez* da Bovespa, as ações que o mercado mais aprecia comprar e vender. Dá para afirmar com considerável grau de segurança que se tratam das mais promissoras ações para aplicar seu dinheiro a longo prazo, mesmo que no curto prazo não sejam necessariamente as mais rentáveis.

Suas cinco estrelas

Para ser objetivo, concentre-se naquelas que têm 1% ou mais de participação no índice, o que já lhe renderá uma lista com mais de vinte atraentes candidatas. São essas as ações que provavelmente apresentarão melhor correlação entre os *bons resultados operacionais* de suas respectivas empresas ano após ano e a *valorização efetiva de suas cotações* no mercado ao longo do tempo. Na falta de uma bola de cristal para antever o futuro, essas vinte e poucas ações são as mais fortes candidatas em termos de aplicações que merecem receber "o voto" das mensalidades de seus planos de investimentos de longo prazo. Então, aqui segue minha sugestão: monte sua *carteira cinco estrelas* selecionando cinco diferentes ações de cinco diferentes setores da economia que você naturalmente conheça mais e que considere mais promissores e, portanto, atraentes. Você verá que há opções para todos os gostos e tipos de investidores!

Dez estrelas?

Evidente que poder diversificar os investimentos em maior ou menor grau é algo que depende do porte do investidor. Se você tem planos de investimentos com mensalidades já mais "parrudas" (acima de R$ 1 mil mensais), e se tem diversos planos de investimentos focados em variados sonhos, está mais perto de poder fortalecer sua carteira com um número ainda maior de boas ações. Nesse caso, em vez das cinco estrelas, eu lhe proponho que avance para dez, selecionadas conforme o mesmo critério de grande liquidez exposto acima, mas ainda focando em apenas cinco segmentos, com *duas* empresas por segmento, e não apenas uma.

COMPRANDO SUAS AÇÕES E REBALANCEANDO SUA CARTEIRA

Vamos às compras!

Com sua lista de ações a investir em mãos, você está bem próximo de poder emitir no sistema *Home Broker* suas ordens mensais de compra dessas cinco ou dez ações escolhidas pela estratégia baseada nas "estrelas" da BM&FBovespa. E aqui deve entrar um cuidado especial com os gastos de taxas de corretagem. Se emitir cinco diferentes ordens de compra por mês, sendo uma ordem para cada uma das ações selecionadas, acabará pagando taxa de corretagem para cada uma dessas cinco ordens, e isso poderá prejudicar a rentabilidade líquida de seus investimentos construtivos em ações. Considerando isso, talvez você deva concentrar suas aplicações de cada mês em uma única ação da sua lista das eleitas, emitindo uma única ordem de compra, pagando, assim, uma única taxa de corretagem por mês. No mês seguinte, faça o mesmo com a próxima ação da sua lista, e assim por diante.

Concentre esforços

No caso de aplicações mensais de poucas centenas de reais, para impedir que a taxa de corretagem achate seus ganhos líquidos em ações e anule a rentabilidade diferenciada que você espera, o mais indicado é aplicar provisoriamente na própria Caderneta de Poupança o valor de suas mensalidades planejadas para investimento em ações e, uma única vez por ano (ou a cada seis meses), fazer suas compras das cinco (ou dez) ações escolhidas para sua carteira. Agora, o ideal mesmo é fazer um bom *enxugamento dos desperdícios* em seu orçamento pessoal e familiar, como lhe ensinei na Seção 2, buscar ter *gastos mais econômicos* (sem deixar de viver bem no dia a dia), reorganizar-se para ter *dívidas mais prudentes*, e assim garantir uma capacidade de poupança e acumulação mais fortalecida no mês a mês. As aplicações em ações não farão "milagres" por você, elas apenas darão um retorno mais digno ao seu dinheiro, o que lhe permitirá acumular mais rápido uma reserva mais expressiva para sua aposentadoria.

Rebalanceamento

Passado um ano da montagem da carteira inicial — e não precisa ser antes disso —, compare o comportamento de preços (valorização ou desvalorização) de cada ação escolhida com as demais de sua carteira, e também com o mercado como um todo. Partindo do entendimento dos fundamentos de negócios de cada empresa (que você conhecerá acompanhando as notícias da imprensa especializada), procure compreender por que os preços se comportaram daquela maneira e se é válido considerar tirar alguma ação de sua carteira, substituindo-a por outra mais atraente. Não venda uma boa ação à toa, realizando prejuízo (ou ganho insuficiente) por ansiedade irracional. Se você escolheu bem na largada, dê tempo ao tempo, e não exclua de sua carteira empresas que, mesmo passando por um eventual mau momento de mercado, continuam sendo bem gerenciadas e promissoras. Enfim, use as informações de mercado e o seu bom senso para ir reciclando suas estrelas e para mantê-las sempre brilhantes!

Simples e funcional!

Essa *estratégia cinco estrelas* é simples, não precisa ser nenhum "rato de mercado" para adotá-la, e se encaixa de maneira adequada ao pequeno e médio investidor previdente, que tem o longo prazo para esperar a maturação de suas ações, uma vez que selecionou essa modalidade de aplicação financeira justamente para formar sua reserva de aposentadoria no longo prazo. Não há dúvida: se a ideia é investir por um longo período de tempo, opte pelo mercado! São milhares de investidores operando todos os dias — se com o passar do tempo eles nos indicam as ações que mais valem a pena negociar, é melhor acreditar. No curto prazo, a maioria dos aplicadores pode acabar por ficar cegos e se enganada, fazendo cotações absurdamente baixas (ou muito altas). Porém, no longo prazo, felizmente impera o consenso de mercado calcado no bom senso financeiro, que leva à correta avaliação e valoração das boas empresas brasileiras de capital aberto e de suas promissoras ações negociadas na bolsa de valores!

Planos superdinâmicos compostos

Por fim, assim como as ações, enquadram-se nessa categoria das aplicações financeiras *superdinâmicas* os planos de previdência privada superdinâmicos compostos. Uma vez que o objetivo deste livro é justamente abordar a preparação para a aposentadoria, e esse tipo de plano pode trazer vantagens muito peculiares para seu projeto de previdência particular, dedicaremos a Seção 5 da obra concentradamente a essa categoria de investimento, que costuma ser muito atraente para quem poupa para sua melhor idade.

Capítulo 13

FASE DO USUFRUTO (OU BENEFÍCIO): SUA DINÂMICA DE ALOCAÇÃO DEVE MUDAR?

O melhor!

Afinal, qual é "o melhor" investimento para cada projeto de futuro que temos nesta vida? É certamente *o mais adequado* para cada momento. Acabamos de analisar aqui as melhores aplicações tradicionais, dinâmicas e superdinâmicas para a *fase de acumulação ou esforço* de seu projeto de previdência particular (com exceção, somente, dos planos, que cobriremos a seguir, na Seção 5). E para a *fase de benefício ou usufruto*, a análise seria outra? Veja bem, os conceitos básicos de rentabilidade, segurança, liquidez e acessibilidade & praticidade das aplicações não mudarão, mas há pormenores interessantes para manter no radar quando chega enfim a hora de colher os frutos financeiros do esforço que se plantou diligentemente durante tantos anos.

Tradicionais

Como agora existirá a necessidade de resgatar uma renda com *regularidade*, a força da *rentabilidade* em si deixará de ser tão prioritária, e por suas conhecidas características de *estabilidade*, as aplicações tradicionais de renda fixa em geral ganharão relevância. Não exatamente a Caderneta de Poupança, porque *acessibilidade* já não será mais problema: aqui você terá um volume financeiro suficiente para conseguir maior retorno líquido em opções como CDBs, LFs, LCIs e LCAs. Os FIFs DI e Renda Fixa, por sua vez, provavelmente continuarão com baixo apelo por causa da taxa de administração cobrada sobre o patrimônio. Se bem que, com a expressiva reserva que você terá disponível para investir nessa fase, talvez consiga uma taxa baixinha, bem próxima de zero.

Liquidez "excessiva"

Só há um probleminha que as aplicações tradicionais apresentarão ao previdente já aposentado: elas são "líquidas demais". Isso até seria uma virtude na eventualidade do aparecimento de uma doença grave, porque possibilitaria resgatar parte da reserva para destinar a custosos tratamentos avançados (embora para essa finalidade um seguro de cobertura contra doenças graves seja mais adequado). No entanto, se em algum momento de sua melhor idade o aposentado por se empolgar e fraquejar no consumismo, o dinheiro poderá ser acessado (e dispersado!) com bastante facilidade. O que também vejo acontecer na prática, e com lamentável frequência, é o surgimento de parentes mal-intencionados, como filhos e netos "necessitados", ou até mesmo amigos de poucos escrúpulos que se aproveitam da fragilidade emocional de idosos capitalizados para amealhar uma parcela de seu dinheiro em benefício próprio. Por outro lado, uma vantagem é que saldos de aplicações financeiras poderão ser transferidos com facilidade a seus herdeiros quando de sua eventual passagem. Mas isso, sinceramente, não é o que mais deve motivá-lo: sua reserva foi constituída para prover *seu* conforto na aposentadoria. Se deixar uma herança expressiva for um objetivo muito precioso para você, eu proponho que faça um planejamento financeiro especial para esse fim.

Imóveis

Nesse momento, entra aqui uma um bom ponto a favor dos imóveis de locação em comparação com as aplicações financeiras tradicionais: como imóveis são bens de raiz, fica mais fácil o aposentado resistir a sua venda. A renda proveniente da locação poderá até vir a ser mal gasta por ele mesmo ou ainda "assediada" por terceiros, mas o patrimônio permanecerá intacto. A única característica a lamentar aqui é que um imóvel é um item de patrimônio que, do ponto de vista da geração de renda mensal, apresenta pouca praticidade e um nível considerável de insegurança. Imóveis de aluguel geram trabalho: para encontrar o inquilino, para receber o valor em dia, para livrar-se de inquilino ruim e, por fim, para manter tudo em ordem — reformando a cada novo inquilino, a fim de evitar a depreciação de seu valor de mercado (e até mesmo a redução do valor de aluguel que se consegue apurar com um imóvel em estado precário de conservação).

Instabilidade

Essa opção gera também certa insegurança: a última crise econômico-financeira trouxe sérios problemas de cessação de renda para aposentados essencialmente focados em imóveis de locação. Os proprietários de imóveis comerciais, por exemplo, têm sofrido devido à elevada vacância desses, já que muitas empresas estão com dificuldades financeiras e precisam cortar custos fixos. Um imóvel de locação vago transforma-se, do dia para a noite, de ativo gerador de receita em ativo gerador de despesas (condomínio, IPTU, contas mínimas das concessionárias, limpeza etc.). Na locação residencial, a situação pode ser ainda pior: inadimplência sem desocupação do imóvel, o que remeterá ao desgaste pessoal e aos gastos judiciais de ações de despejo.

Tesouro!

Voltando às aplicações financeiras, já abordamos neste livro o investimento em títulos públicos do tipo Tesouro IPCA+, que são negociados via canal Tesouro Direto. Agora temos de compreender melhor a natureza específica dos títulos do tipo Tesouro IPCA+ com Juros Semestrais (NTNB), para podermos perceber por que eles podem ser tão adequados para o aposentado que já está gozando do usufruto de sua reserva acumulada. Partindo da disponibilidade de títulos no canal Tesouro Direto no início de 2017, observamos que tais títulos apresentavam três possibilidades de horizontes de aplicação — tanto na faixa do *longo prazo* (quase dez anos) como na faixa do *longuíssimo prazo* (desde quase vinte anos até mais de trinta!) —, todas muito indicadas quando o objetivo é acumular para a aposentadoria:

- **IPCA+ c/ Juros Sem. 2026** (vencim. 15/08/26) => **9,5 anos**
- **IPCA+ c/ Juros Sem. 2035** (vencim. 15/05/35) => **18,5 anos**
- **IPCA+ c/ Juros Sem. 2050** (vencim. 15/08/2050) => **33,5 anos**

Irmãos!

Observe que os papéis do tipo Tesouro IPCA+ com Juros Semestrais (NTNB) são quase idênticos aos títulos do tipo Tesouro IPCA+ (NTNB Principal). Na prática, eles são iguais em todas as características, exceto em uma: as NTNBs (as *simples*, não as *principais*) pagam os juros devidos pelo título a cada seis meses. Por isso, são bastante indicadas para quem já está aposentado e precisa gerar um fluxo de renda contínuo (resgate periódico de juros), no caso, semestral. Basta colher os rendimentos uma vez por semestre, e consumi-los de forma balanceada nos próximos seis meses. (Obs.: se, por ventura, não deseja consumir a totalidade dos juros semestrais pagos, o investidor tem a opção de reaplicação automática desses juros.) Enquanto isso, o valor principal do investimento seguirá sendo corrigido pelo IPCA | Índice de Preços ao

Consumidor Ampliado, do IBGE, até a devolução integral do valor no vencimento do título (e sua reaplicação para continuar gerando renda).

Ações

As aplicações financeiras no mercado acionário, por serem de *renda variável*, poderiam parecer um tanto contraindicadas para alguém já aposentado, devido à natural flutuabilidade de seus valores. Mas há aqui uma vantagem tributária, que muito pouca gente conhece, e que conta muito a favor do aposentado que tem uma boa carteira de ações. Vendas de ações até R$ 20 mil por mês (seja de uma única ação ou de um conjunto delas) estão 100% isentas de IR sobre ganhos. Você pode ter comprado um lote de ações por R$ 1 mil há vinte anos, ele pode estar valendo hoje R$ 20 mil, e se você o vender em um determinado mês (sendo sua única venda desse tipo de ativo no mês em questão) pagará R$ 0 de IR! Além disso, existem as ações que geram bons *dividendos*: elas não costumam ser de acentuada valorização ao longo do tempo, é verdade, mas geram uma renda periódica (anual) que, se bem distribuída pelos 12 meses contidos no ano seguinte, podem ajudar a pagar boa parte das contas do aposentado (a depender do tamanho de sua reserva aplicada em ações de cada empresa, obviamente).

Planos

Por fim, para a *fase de benefício ou usufruto* de seu projeto de aposentadoria, os bons planos de previdência privada ainda parecem ser o tipo de aplicação financeira mais equilibrado no *conjunto*, considerando os quesitos rentabilidade, segurança, liquidez e acessibilidade & praticidade. Por isto, proponho estudarmos estas aplicações a fundo a seguir, na Seção 5.

VAMOS PROSPERAR!

No desafio da montagem de seu *projeto de previdência particular*, já exploramos tudo o que é necessário quanto ao seguintes focos:

1. REAÇÃO
REAJA! E COMECE JÁ A MONTAR SEU PROJETO DE PREVIDÊNCIA PARTICULAR

2. PLANEJAMENTO
PLANEJE-SE PARA TER A RENDA NECESSÁRIA NA IDADE CERTA

3. POUPANÇA
ECONOMIZE E GARANTA SUA CAPACIDADE MENSAL DE POUPANÇA

4. ALOCAÇÃO
SAIBA ONDE APLICAR: DURANTE A ACUMULAÇÃO × JÁ NO USUFRUTO

Resta-nos, agora, o último e importantíssimo foco para assegurar a conquista de uma aposentadoria próspera:

5. CONTRATAÇÃO
CONTRATE UM OU MAIS PLANOS DE PREVIDÊNCIA PRIVADA

5. CONTRATAÇÃO

CONTRATE UM OU MAIS PLANOS DE PREVIDÊNCIA PRIVADA

O QUE UM BOM PLANO DE PREVIDÊNCIA PODE FAZER POR SUA APOSENTADORIA

SOB MEDIDA

Um plano de previdência privada é aquela modalidade de *aplicação financeira* (na realidade, trata-se de um produto até mais parecido com os *seguros*) especialmente desenhada para permitir ao previdente ativar seu *projeto de previdência particular* e assim garantir, na prática, sua segurança financeira na fase da aposentadoria. O plano oferece a seu aplicador as seguintes conveniências:

- Poder receber uma **pensão mensal assegurada** de uma sólida instituição financeira (a seguradora que administra seu plano);

- Contar com um determinado **valor mensal planejado** (atualizado monetariamente uma vez por ano), suficiente para *suportar suas despesas* de aposentado;

- Possuir uma **data programada de aposentadoria**, planejada e contratada como sendo o fim do período de *contribuição* (ou esforço poupador & investidor) do plano e o *início* do período de *benefício* (ou usufruto);

- Gozar desse benefício por um **período predeterminado** recebendo uma pensão pelo prazo de meses estipulado em contrato, que poderá se estender até o final da vida do participante (pensão vitalícia);

- Escolher **resgatar a reserva financeira acumulada** ao longo do tempo de contribuição, devidamente acrescida dos rendimentos acumulados (após a pertinente dedução de taxas e impostos devidos conforme a regulamentação do setor).

A GRANDE ESCOLHA

O mercado de planos de previdência privada no Brasil é rico em alternativas e particularidades que permitem ao poupador bem esclarecido escolher um plano (ou uma combinação de planos) totalmente ajustado a suas *necessidades*, *preferências* e *possibilidades* financeiras, tanto *presentes* quanto *futuras*. Você está diante de um dos produtos de investimento mais acessíveis e customizáveis do mercado financeiro, então convém ter um pouco de paciência para, então, poder fazer melhores escolhas. As informações desta seção poderão lhe parecer um pouco detalhadas demais, mas confie que lhe serão utilíssimas (e nem tão difíceis assim de entender). Afinal, essa será uma escolha que você terá de honrar por muitos anos, e, se benfeita, certamente beneficiará sua vida financeira por um longo período, fazendo com que os anos maduros de sua vida sejam, de fato, anos "dourados" — e não apenas anos "grisalhos".

Capítulo 14

MODALIDADES DE PLANOS: ABERTO OU FECHADO? PGBL OU VGBL? RESGATE OU PENSÃO?

Solidez

Sendo a previdência privada normalmente um projeto de longo prazo, a escolha da instituição que irá administrar seus recursos através de um ou mais planos deve ser feita com muito critério. Verifique se a seguradora ou entidade em questão tem um histórico de boa atuação no mercado, pesquise-a no Procon, junto à Susep ou Previc, e em sites de reclamações *on-line*. Acompanhe também a rentabilidade dos últimos 12, 24, 36 e até 60 meses dos planos específicos nos quais você pretende fazer aportes. Ainda que resultados passados não sejam garantia de rentabilidade futura, com esse histórico você terá parâmetros de comparação entre os planos candidatos e produtos semelhantes de instituições concorrentes. Por isso, em se tratando de planos abertos, convém investigar pelo menos três diferentes entidades antes de fechar com uma delas. Se for um plano fechado, da organização ou empresa na qual você trabalha, será necessário conhecê-lo em detalhes para poder fazer uma escolha consciente. Lembre-se: este será um longo "casamento", que deverá fazê-lo feliz até o final da vida — então, capriche bastante na fase do "namoro".

ENTIDADES ABERTAS × FECHADAS: MEIOS DISTINTOS PARA FINS IDÊNTICOS

Previdência privada aberta

Os planos abertos são oferecidos por bancos e seguradoras, e podem ser adquiridos por qualquer pessoa física ou jurídica no varejo. São produtos comerciais do mercado financeiro, e, portanto, têm fim lucrativo. O órgão do governo que fiscaliza e dita as regras dos planos das EAPC | Entidades Abertas de Previdência Complementar é a Susep | Superintendência de Seguros Privados, ligada ao Ministério da Fazenda. É também a Susep que regulamenta toda a indústria de seguros no país, e isso faz sentido, porque os planos de previdência têm uma característica muito forte de produto de *seguridade*. Tanto que você pode reparar: a empresa responsável por seu plano não é exatamente o "Banco *Tal-e-Tal*", mas sim a seguradora "*Tal-e-Tal* Vida e Previdência".

Previdência privada fechada

Os planos fechados, por sua vez, são oferecidos pelas Entidades Fechadas de Previdência Complementar. Eles são criados por empresas, públicas ou privadas, e voltados exclusivamente para seus funcionários — assim, não podem ser contratados por quem não é colaborador da organização. São planos de natureza assistencial e não visam lucros: todos os recursos aplicados e os rendimentos obtidos são revertidos para o próprio fundo e, por decorrência, para os participantes. A Previc | Superintendência Nacional de Previdência Complementar é a autarquia vinculada ao Ministério da Fazenda que se responsabiliza por fiscalizar as atividades das chamadas EFPC | Entidades Fechadas de Previdência Complementar. Os planos de benefícios oferecidos podem ser de três tipos:

- **Contribuição definida (CD).** Nesse tipo de plano, decide-se o tamanho da contribuição a ser efetuada regularmente, e o benefício mensal é definido no momento da aposentadoria, com base no montante de recursos que o participante acumulou durante o período em que trabalhou e a rentabilidade líquida conseguida pelos gestores com tais recursos. Este é o modelo padrão vigente, consagrado pela prática de mercado.

- **Benefício definido (BD).** Aqui o valor do benefício mensal a ser pago pelo plano é decidido no momento da adesão, e as contribuições do participante vão variar ao longo de sua vida de trabalho com o objetivo de alcançar o valor estipulado na largada. Este modelo traz grandes desafios atuariais para os gestores, bem como certa imprevisibilidade contributiva para os próprios participantes, motivo pelo qual as entidades passaram a migrar para planos do tipo CD a partir da década de 1990. Atualmente, os planos existentes do tipo BD são os que foram criados até aquela época.

- **Contribuição variável (CV).** Nessa classificação, mais rara do que as demais, estão aqueles planos que trazem uma mistura entre contribuição definida e benefício definido. São mais complexos, e por isso menos comuns, embora não necessariamente menos interessantes para o previdente.

Planos empresariais

Atrair grandes talentos profissionais tem sido o maior desafio das áreas de Recursos Humanos das grandes empresas do país. Uma política de benefícios agressiva é uma valiosa estratégica de captação e retenção de funcionários de alta performance, e as organizações mais competitivas englobam em sua política de RH a oferta de um bom plano de previdência complementar para os colaboradores da empresa. Ocorre, inclusive, que diversas delas instituem contribuições paritárias, apoiando financeiramente o previdente que deseja se esforçar para conquistar segurança na aposentadoria. Nos planos empresariais, o empregador tem a possibilidade de escolher com quanto deseja contribuir para cada faixa salarial ou nível hierárquico na empresa, e, com o passar do tempo, o empregado pode também contar com parte ou até a totalidade dos recursos aportados pela companhia. Essa é a chamada *contrapartida* da *patrocinadora*, e com relação a essa possibilidade, há os planos empresariais *instituídos* e os *averbados*.

- FECHADOS

Aqui a empresa irá custear parte das contribuições, ganhando benefícios fiscais por isso. Os limites de valores (porcentagem do salário) que o funcionário poderá aportar todos os meses e quanto a própria patrocinadora, de seu lado, aportará em complementaridade são definidos por cada entidade em seus estatutos. Existem planos em que o participante pode aportar (aplicar) de 1% a 12% do seu salário, com a complementação por parte da patrocinadora na base de 1:1 (100% de complemento), ou 2:1 (50% de complemento), ou ainda outra proporção. Em qualquer caso, este é um tremendo benefício que a empresa oferece: imagine "seus pais" bancando todos os meses uma parte de seu esforço poupador para uma aposentadoria digna! O funcionário previdente deve planejar suas finanças para aderir em grau máximo ao plano instituído que lhe é oferecido como benefício corporativo.

- AVERBADOS

Nos planos *averbados*, apenas os funcionários realizam contribuições, mas contam com condições muito vantajosas para o plano corporativo, especialmente negociadas pela companhia com a seguradora, em geral contratada a mercado, já que o principal objetivo não é o lucro na operação do plano, mas o benefício proporcionado aos colaboradores. Algumas vantagens bastante comuns são menores taxas de carregamento (até 0%) e de administração (até 0,20%), com benefícios complementares como o acesso a programas estruturados de educação financeira e empreendedora, que podem ajudar muito na busca da prosperidade que tanto se almeja para a fase da aposentadoria.

- RECENTE

Apesar de as entidades de previdência privada estarem modernamente regulamentadas desde 1977, o crescimento mais expressivo da procura por planos abertos veio apenas a partir da segunda metade da década de 1990, com a estabilidade monetária trazida pelo Plano Real. Até esse momento da economia brasileira, a *inflação* era um processo tão descontrolado — os preços subiam de forma tão errática e assustadora — que o consumidor vivia basicamente preocupado em defender o poder de compra *imediato* do seu dinheiro, planejando-se com foco exclusivo no *presente*, o que desviava seu olhar do planejamento voltado para o *futuro*. Recentemente, com a percepção pela sociedade de que a Previdência Social não garantirá dignidade financeira aos aposentados — pelos menos não àqueles acostumados com um padrão de consumo de classe média —, o interesse pelos planos privados, abertos ou fechados, vem crescendo, e tende a se acelerar nos próximos anos e décadas. Essa é uma decisão que o previdente já tomou: não irá delegar seu futuro financeiro às enormes incertezas (na realidade, algumas tristes certezas!) da seguridade social.

PGBL × VGBL: A DIFERENÇA VAI ALÉM DA SIGLA

Parecidos, mas diferentes!

Tanto um PGBL | Plano Gerador de Benefícios Livres quanto um VGBL | Vida Gerador de Benefícios Livres (preocupe-se menos com os nomes, atenha-se apenas às siglas) funcionam basicamente da mesma forma. Durante uma quantidade programada de meses, chamada de *período de contribuição*, o participante fará *aportes planejados* (contribuições financeiras programadas), podendo tanto ser *regulares* (depósitos mensais) quanto *eventuais* (depósitos esporádicos complementares, se o plano permitir), para acumular uma determinada *reserva financeira* até uma *data previamente programada*. A partir de então, o participante poderá realizar seu *resgate*, reaplicando a reserva no mercado ou então optando pelo direito de passar a gozar de um determinado valor de *benefício mensal*, que pode ser *vitalício* ou *por tempo determinado*, sempre recebendo correções monetárias anuais durante todo o *período de benefício*. A distinção entre as duas modalidades básicas de planos (PGBL × VGBL) está, essencialmente, na potencial economia tributária proporcionada para o participante.

PGBL

A legislação do Imposto de Renda vigente no Brasil proporciona um interessante *benefício fiscal* aos aplicadores em PGBLs (o que vale também para planos fechados, não só abertos): ela permite que sejam lançadas como *deduções* em sua Declaração Anual de Ajuste de IR todas as contribuições feitas ao longo do ano (em qualquer mês) para um ou mais PGBLs (até o valor limite equivalente a 12% da sua renda bruta somada para todo o ano). Essa possibilidade faz diminuir o *imposto a pagar* ou então lhe permite aumentar o *imposto a restituir* (se esse for o caso no ajuste anual), o que pode representar para você uma boa economia com Imposto de Renda evitado no presente. Por outro lado, *todo e qualquer resgate* realizado de um PGBL — seja total ou parcial, seja antecipado (na fase de contribuição) ou por conta de gozo da pensão mensal (vitalícia ou temporária, no período do benefício) — terá seu valor *integral tributado* pela opção de regime tributário contratada pelo participante no momento em que iniciou seu plano (conforme detalharemos logo adiante). Assim, esse benefício fiscal pode ser interpretado, na realidade, como uma *postergação de IR*, e não necessariamente como uma *isenção*. De qualquer forma, veremos que a troca pode ser financeiramente vantajosa.

NA PONTA DO LÁPIS

Imagine um trabalhador com salário mensal de R$ 4 mil (salário anual de R$ 48 mil, não considerando o 13º salário). Dos R$ 4 mil mensais, a Receita Federal autoriza ao contribuinte abater automaticamente

R$ 636 (valor arredondado), chegando à base de cálculo para o Imposto de Renda de R$ 3.364 (= R$ 4 mil – R$ 636). Sobre esse valor, o Leão do IR recolhe 22,5%, o que dá R$ 757. Por outro lado, se o contribuinte tivesse feito nesse mês uma contribuição para um PGBL no valor de R$ 480 (= 12% da sua renda bruta mensal), tal dedução se somaria aos R$ 636 de dedução padrão, elevando a dedução total para R$ 1.116 (= R$ 480 + R$ 636), e, dessa forma, reduzindo a base tributável para R$ 2.884 (= R$ 4 mil – R$ 1.116). Então, aplicando-se os mesmos 22,5% de alíquota de IR, o imposto retido na fonte seria de R$ 645. A economia entre a primeira situação (sem PGBL) e a segunda (com a dedução limite do PGBL) seria de R$ 112 (= R$ 757 sem PGBL – R$ 645 com PGBL).

APORTES MAIORES!

A título de comparação, a quantia economizada com impostos equivale a quase 1/4 do valor mensal aportado no PGBL. Esse valor, quando liberado das "garras" do Leão do IR, pode servir para você realizar um aporte em um VGBL complementar que, acoplado a seu PGBL, formará uma próspera dobradinha de planos de previdência para conquistar sua segurança financeira na aposentadoria. (Obs.: essa é apenas uma das simulações possíveis para mostrar a vantagem financeira inicial para quem aporta em PGBL e faz declaração de IR pelo formulário completo. Os sites de todas as seguradoras trazem simuladores bastante completos e fáceis de usar.)

ALÍQUOTA DO IR

Se você realizar resgates de um PGBL tributado pela Tabela Regressiva Definitiva (conforme veremos em detalhes mais à frente), sejam antecipados (durante a acumulação) ou de gozo de pensão mensal (durante o benefício), valerá a alíquota de 10% a 35% aplicável à época do resgate, conforme o tempo de contribuição médio do plano no momento, segundo os cálculos da entidade. (Isto vale para o resgate, porque para o recebimento de renda mensal valerá o IR de acordo com o tempo de contribuição). Porém, se você efetuar resgates antecipados pela Tabela Progressiva

Compensável (a que normalmente tributa os salários), pagará no ato do resgate 15% de IRRF | Imposto de Renda Retido na Fonte, e no começo do ano seguinte você e a Receita Federal acertarão a diferença (se houver) quando essa sua renda for somada às demais na Declaração de Ajuste Anual do IR, o que irá gerar imposto a pagar ou a restituir. No caso de benefício mensal recebido e tributado pela Tabela Progressiva Compensável, a tributação já será feita na fonte conforme as alíquotas progressivas da época, e estará também sujeita à eventual compensação (imposto a pagar X a restituir) no ajuste anual. Se tributada pela Tabela Regressiva Definitiva, a retenção na fonte será somente pela porcentagem cabível (veremos adiante), sem a possibilidade de compensações.

MELHOR PARA QUEM?

Por seu benefício tributário imediato, um PGBL costuma ser mais indicado para **funcionários de empresas com registro em carteira (CLT)**, que em geral já sofrem desconto de IR na fonte e que costumam fazer sua Declaração de Ajuste Anual do Imposto de Renda pelo **formulário completo**, lançando todas as deduções pormenorizadamente. Como vimos anteriormente, o dinheiro economizado em impostos no presente poderá servir para reforçar a acumulação do seu plano de previdência privada com aportes em um VGBL complementar, o que turbinará a formação de sua reserva financeira. Mas atenção: se você for um colaborador de empresa com carteira assinada que não costuma ter muitas deduções legais lançáveis na declaração, talvez compense mais usar a dedução padrão (de 20% da sua renda bruta) oferecida no formulário simplificado. Neste caso, *não* haverá nenhum benefício tributário aproveitável para você nos aportes em um PGBL.

VGBL

As contribuições feitas para VGBLs não podem ser lançadas como dedução na Declaração do IR. Em compensação, no ato do(s) resgate(s), será tributada apenas a parte dos *rendimentos* de cada valor resgatado, e não o *valor total* do resgate. Ou seja, a parte que você aportou de cada resgate ficará *de fora* da tributação. Por isso, planos do tipo VGBL são em princípio mais indicados para **trabalhadores autônomos e prestadores de serviços que trabalham como pessoa jurídica**, que não têm, portanto, Imposto de Renda retido na fonte da pessoa física. Esses profissionais costumam fazer sua Declaração de IR pelo **formulário simplificado**, aquele que permite trocar todas as deduções específicas a que normalmente o contribuinte tem direito por uma única dedução padrão correspondente a 20% de sua renda bruta anual.

RESGATE DA RESERVA ACUMULADA × BENEFÍCIO EM FORMA DE PENSÃO

RESGATE

Próximo do atingimento da data programada para sua aposentadoria, o beneficiário poderá optar por resgatar a reserva financeira acumulada em seu plano (no vencimento), devidamente acrescida dos rendimentos obtidos ao longo do período de acumulação, deduzindo-se dela o respectivo Imposto de Renda devido (conforme parâmetros que veremos logo adiante). Essa opção só poderá ser exercida no máximo até noventa dias antes do início do período de vigência do benefício, e o resgate solicitado poderá ser *total* (zerando a reserva no plano) ou *programado* (com datas certas para retiradas parciais do plano que, enquanto isso, seguirá rentabilizando o saldo remanescente).

PARA QUEM?

O resgate total pode ser financeiramente mais conveniente para o aposentado que, em vias de gozar de sua aposentadoria, acredita ter uma expectativa de vida particularmente curta, em função de graves problemas de saúde, por exemplo. Também será uma opção adequada para aposentados que, pelo contrário, estão otimistas com relação a sua longevidade, lucidez e capacidade de planejamento, e assim acreditam ter boas estratégias de investimentos pessoais para a reserva resgatada, tais como aplicações financeiras arrojadas e investimentos imobiliários promissores, que protegerão e rentabilizarão sua reserva de forma ativa e dinâmica, podendo lhe proporcionar, assim, a renda mensal almejada.

PENSÃO

Findas as contribuições do participante, outra opção será escolher adentrar o período de benefício. Nesse caso, esqueça que tem um *dinheiro acumulado* e passe a enxergá-lo como um *direito contratado*. A administradora do plano ficará, a partir daí, contratualmente encarregada de gerenciar o patrimônio captado no fundo de previdência de forma que — conforme sua *provisão matemática de benefícios a conceder* e somando os depósitos realizados à rentabilidade obtida através da gestão competente da reserva — seja financeiramente viável remunerar o beneficiário com a pensão planejada a partir da data programada e durante todo o período predeterminado em contrato para usufruto do benefício.

PARA QUEM?

Essa opção poderá ser mais conveniente, por exemplo, para o participante de um plano de previdência que, ao atingir o fim do período de contribuição, ainda tenha uma elevada expectativa de vida, devido a sua boa condição de saúde e seu histórico familiar de extensa longevidade. Essa também será uma escolha indicada para o aposentado que teme ter de lidar com parentes e amigos mal-intencionados, pessoas que possam eventualmente assediá-lo para surrupiar-lhe uma parte de sua reserva financeira, se fosse resgatada em bolada única. Afinal, o objetivo do plano é sustentar você dignamente nos muitos anos de sua maturidade, e não enriquecer "amigos" e parentes.

BENEFÍCIOS DE RISCO

Juntamente com seu plano de previdência privada, você poderá contratar benefícios adicionais de *proteção financeira* para si e sua família no caso de morte ou invalidez durante os anos em que estiver aportando recursos em seu plano de previdência. Na prática, esses benefícios funcionam como seguros, e para contratá-los, o participante do plano fará contribuições adicionais, que lhe serão cobradas em conjunto com os aportes mensais do plano. Entre as possibilidades de benefícios de risco estão o *pecúlio* — importância em dinheiro paga aos beneficiários do titular do plano no caso de seu falecimento —, a transferência da pensão vitalícia ao *cônjuge* ou ainda a pensão paga aos *filhos menores de 21 anos* no falecimento do titular do plano. Claro que estas coberturas têm *custos* extras, mas geram *benefícios* adicionais que fazem muito sentido para a proteção de sua família na eventualidade de ausência. Informe-se com a seguradora com a qual pretende contratar seu plano e, se tiver condições financeiras para tal, compre essa tranquilidade adicional para seu projeto de previdência particular. O seguro morreu de velho, ao lado do previdente.

TIPOS DE BENEFÍCIOS

As seguradoras estão obrigadas por lei a confirmar a opção de saída do participante do plano noventa dias antes de ele começar a receber a renda, se optar por esse caminho. A partir de então, o beneficiário ainda terá trinta dias para tomar uma decisão sobre qual tipo de renda quer receber, conforme as seguintes opções (atenção: quanto *maior* a garantia solicitada, naturalmente *menor* será o valor do benefício mensal concedido):

- **Renda vitalícia.** Renda mensal para o resto da vida do titular do plano, corrigida anualmente pelo índice de inflação contratado (normalmente o IPCA, mas pode ser IGP-M ou outro, o que deve estar muito bem especificado no regulamento do plano).

- **Renda vitalícia com prazo mínimo garantido.** Aqui a renda mensal é fixa e por prazo indeterminado. Existe um período mínimo para a cobertura, que pode ser especificado de cinco a quinze anos (quanto mais longo, menor o valor da renda mensal contratada para uma mesma reserva acumulada). Se o beneficiário falecer antes na vigência do período mínimo, os beneficiários sucessores indicados no plano receberão o saldo existente na data do falecimento até o prazo originalmente determinado para recebimento da renda.

- **Renda vitalícia reversível ao cônjuge.** Em caso de falecimento do titular do plano, a renda mensal continuará sendo paga ao companheiro sobrevivente, até que este venha a falecer. Também é possível contratar a renda vitalícia reversível ao cônjuge e com continuidade para sucessores menores de 21 anos.

- **Renda com prazo certo.** Aqui, o titular do plano determina por quantos anos deseja receber sua pensão. Se o titular sobreviver ao prazo máximo estipulado, não terá mais renda a receber, pois seu direito previdenciário contratual haverá cessado. De outro lado, em caso de falecimento dentro do prazo estipulado, o beneficiário sucessor indicado no plano continuará recebendo a pensão contratada.

CAPÍTULO 15

TAXAS E IMPOSTO DE RENDA: COBRANÇAS QUE AFETAM A RENTABILIDADE DO SEU PLANO

Taxa de carregamento

É comum as seguradoras ou bancos comerciais cobrarem nos planos de previdência a chamada *taxa de carregamento*, tomando para si uma certa porcentagem (que pode chegar a até 5%) do valor de cada depósito que o participante realiza em seu plano. A alegação é de que esse valor (cuja cobrança tem sido atenuada nos últimos anos) se presta a cobrir corretagens e também trâmites da administração do plano. A pergunta que você deve estar se fazendo é: mas se já existe uma taxa de administração, qual o sentido da taxa de carregamento? E a perda na potência acumuladora do seu plano com a dedução dessa taxa é expressiva.

EXEMPLO

Imaginemos que um previdente faça aportes de R$ 500 em seu plano por vinte anos (240 meses), com uma rentabilidade líquida real mensal de 0,10% (plano de perfil conservador). Com taxa zero no carregamento, à reserva acumulada ao final do período (devidamente corrigida para valores da época) seria de R$ 135,5 mil (em valores de hoje). Com a cobrança de taxa de carregamento de 5%, por exemplo, que acarretaria na entrada efetiva de apenas R$ 475 no plano a cada mês (pois 5% ou R$ 25 seriam destinados à seguradora), a reserva obtida seria de apenas R$ 128,8 mil — portanto, haveria uma perda de R$ 6,7 mil (ou justamente 5%) em termos líquidos e reais.

Mais = menos

Costuma haver, do lado da oferta, certa vinculação inversa entre o *tamanho de reserva* aplicada e a *porcentagem da taxa* de carregamento cobrada. Sendo assim, poderá ser necessário acumular as primeiras dezenas de milhares de reais em alguma aplicação conservadora em paralelo, como a Caderneta de Poupança, FIFs, CDBs, LCAs, LCIs ou títulos do Tesouro Direto, para só então iniciar seu plano de previdência, para então você conseguir, desde o princípio, uma taxa de carregamento menor.

Quando

Três são as formas de cobrança de taxa de carregamento tradicionalmente oferecidas pelo mercado:

- **Antecipada.** A taxa incide no momento do aporte e, dependendo da instituição, pode ser decrescente em função do valor do aporte e do montante acumulado, começando em 5% e caindo até 0,75% (podendo ser, inclusive, menor que isso, mas somente para aportes iniciais muito elevados, de centenas de milhares de reais).
- **"Postecipada".** Incide somente no momento em que o titular do plano realiza a saída de recursos (via portabilidade ou resgates). Pode ser decrescente em função do tempo de permanência no plano, podendo chegar a zero. A proposta aqui é: quanto maior o tempo de permanência, menor será a taxa, funcionando como um prêmio que a entidade oferece ao participante por sua fidelização. Esta é a oferta ideal para quem escolheu um plano de previdência com a finalidade de se preparar para sua aposentadoria a longo prazo.

- **Híbrida.** A cobrança ocorre tanto na *entrada* (no ingresso de aportes ao plano) quanto na *saída* (na ocorrência de resgates ou portabilidades). Este modelo é menos comum, por sua natural complexidade de entendimento, e foca mais em planos de prazo encurtado, de poucos anos. Particularmente, eu não recomendo esta modalidade de cobrança em nenhum cenário.

Taxa de administração

Todas as empresas e entidades de previdência privada cobram em seus planos uma *taxa de administração* para "cuidar" do dinheiro do fundo de investimento exclusivo criado para cada cliente. Essa taxa costuma ficar entre 0,50% e 2% ao ano sobre o patrimônio total que o participante tiver acumulado no plano, incidindo não apenas sobre os *ganhos*, mas também sobre a *reserva* total (pode até chegar a ser zero!). Fundos *conservadores*, fáceis de gerenciar, cobram taxas menores (próximas do 0,50% ao ano). Fundos *dinâmicos* (com até 40% em ações) ou *superdinâmicos* (com até 70% em ações), que envolvem aplicações no mercado de renda variável, têm naturalmente gestão mais complexa, e por isso cobram taxas maiores, trazendo por outro lado perspectivas de ganhos brutos maiores.

É justo

Desde que a correlação inversa risco X taxa seja mantida, e a entidade gestora mostre efetiva competência *rentabilizadora* para o plano, conforme sua respectiva modalidade de risco ao longo do tempo, a cobrança da taxa de administração é justa e não sacrificará indevidamente a rentabilidade líquida real do plano. A cobrança dessa taxa, aliás, também acontece com qualquer FIF, por exemplo, independente da sua modalidade. No plano de previdência privada, entretanto, a taxa de administração será discretamente mais alta, porque a responsabilidade da administradora também será maior se comparada a um "simples" FIF. Isso porque a previdência privada exige, por exemplo, cálculos atuariais para viabilizar o pagamento de pensões aos previdentes que optarem pelo período do benefício, dentre outros desafios de gestão.

Diferimento fiscal

Apesar da existência da taxa de carregamento nos planos de previdência (não cobrada nos FIFs) e da eventual cobrança de uma taxa de administração mais alta (comparativamente a FIFs com o mesmo perfil de risco), a vantagem financeira de um plano de previdência focado na acumulação a *longo prazo* pode ser concreta e muito compensadora, e há um motivo especial para explicar esta "mágica". Diferentemente dos FIFs, nos quais há o recolhimento semestral de Imposto de Renda pelo chamado sistema de "come-cotas", pelo qual cotas são subtraídas do patrimônio do cotista para pagar o IR devido, nos planos de previdência privada o recolhimento de qualquer imposto é diferido (postergado) para o momento do resgate (a mordida do Leão do IR será apenas lá na frente). Enquanto isso, o dinheiro do imposto devido, que um dia será devolvido e entregue ao governo, ficará rendendo juros sobre juros para engrossar a reserva acumulada, durante anos e anos. Para usufruir dessa vantagem do *diferimento fiscal* em alto grau é que recomendo focar seus planos de previdência, sempre que possível, na acumulação a longo prazo.

Exemplo

Veja agora a seguinte simulação, realizada por Renato Russo, destacado executivo do mercado previdenciário brasileiro, para um interessante (e raro) artigo publicado no jornal *Valor econômico* em 27/06/2008, cujo conteúdo no entanto continua atualíssimo, porque essa vantagem do *diferimento fiscal* nos planos é um assunto que está em voga há bastante tempo:

Para demonstrar a diferença que o diferimento agrega ao investimento, vamos tomar como base um aporte único de R$ 1 mil em um investimento comum, com cobrança do IR a cada semestre, e uma aplicação no mesmo valor em um plano de previdência com imposto de renda diferido. A rentabilidade estimada é de 11,25% ao ano e a alíquota de imposto de renda aplicada é de 15%.

DEZ ANOS × TRINTA ANOS

No investimento que paga imposto de renda a cada seis meses, após dez anos (ou 120 meses) o saldo líquido do investidor será de R$ 2.530,84, enquanto no investimento que paga IR só no resgate o saldo líquido do investidor será de R$ 2.618,42. Parece pouco (apenas 3,5% a mais), mas, após vinte anos, essa diferença a favor do investimento com imposto diferido aumenta e, num prazo de aplicação durante trinta anos, período comum aos planos de previdência, o ganho é ainda maior. A diferença é de R$ 16.238,26 para o saldo final de um investimento comum ante R$ 20.967,07 para o plano de previdência (37% a mais).

RETORNO MAIOR

Se pensarmos que os aportes de um investidor durante trinta anos serão muito superiores ao valor da simulação realizada, as vantagens do diferimento fiscal se fazem ainda mais atrativas. O que acontece é que o investidor, ao aplicar no produto com imposto diferido, terá um retorno líquido igual a 10,10% ao ano. Porém, o investidor que aplicar no produto que paga imposto a cada seis meses terá um retorno líquido ao fim de dez anos de 9,73% ao ano. Após trinta anos, o primeiro retornará 10,67% ao ano, ao passo que o segundo, 9,73%. Isso se traduz em quase 1% a mais de retorno líquido por ano, garantido apenas por conta desta característica da previdência, independente do tipo de aplicação escolhida.

TRIBUTAÇÃO DO IMPOSTO DE RENDA: DUAS TABELAS PARA ESCOLHER

Alternativa de IR

A Lei 11.053, de 2004, introduziu uma nova modalidade de tributação de Imposto de Renda até então inexistente para os planos de previdência privada: a Tabela Regressiva Definitiva (TRD), interessante alternativa para a tradicional Tabela Progressiva Compensável (TPC) do IR. É fundamental entender corretamente as diferenças nas tabelas antes de tomar a importante decisão de qual delas escolher para pagar o mínimo possível de IR em seu plano, pois isso afetará muito a rentabilidade líquida obtida, a reserva acumulada e o resgate ou a pensão que se pode esperar receber do plano. Essa não é uma escolha fácil de nenhum ponto de vista, mas crucial para seu retorno, uma escolha que valerá toda a atenção que a ela você puder dispensar. Uma vez feita a escolha, ela não poderá ser alterada! Paciência: mais algumas páginas e você terá a escolha certa em mãos.

PGBL × VGBL

Já vimos que nos PGBLs estará sujeita à tributação de IR (conforme a tabela escolhida) a *integralidade* de qualquer *valor resgatado*, a qualquer tempo e sob qualquer pretexto, seja o resgate *total* da reserva, os resgates *parciais* ou o usufruto do benefício da *pensão mensal* após a idade-meta traçada para sua aposentadoria. Para resgates de VGBLs, a tributação de IR incidirá basicamente pelas mesmas alíquotas e regras, porém a cada resgate será calculado quanto equivale ao *investimento originalmente feito* pelo participante — parcela que ficará isenta — e quanto correspondente à *rentabilidade* que ele terá auferido ao longo do tempo com a aplicação — parcela que sofrerá a tributação de IR. Com essas informações em mente, vamos às tabelas alternativas de IR.

Para o exercício de 2017, ano-calendário de 2016, as faixas de alíquotas da **Tabela Progressiva Compensável (TPC) do IR** se apresentavam desta forma:

Base de Cálculo Mensal	Alíquota %	A deduzir
Até R$ 1.903,98	-	-
De R$ 1.903,99 até R$ 2.826,55	7,5%	R$ 142,80
De R$ 2.826,66 até R$ 3.751,05	15,0%	R$ 354,80
De R$ 3.751,06 até R$ 4.664,68	22,5%	R$ 636,13
Acima de R$ 4.664,68	27,5%	R$ 869,36

Já a "nova" **Tabela Regressiva Definitiva (TRD)** não apresenta alíquotas crescentes em correlação com valores recebidos, mas faz o IR *cair* conforme os anos de acumulação das cotas vão passando:

Prazo de aplicação (Médio)	Alíquota %
Até 2 anos ou menos	35%
De 2 a 4 anos	30%
De 4 a 6 anos	25%
De 6 a 8 anos	20%
De 8 a 10 anos	15%
10 anos ou mais	10%

Fique atento: Na TRD, a alíquota de IR será enquadrada conforme o *prazo de cada aplicação*, não conforme o *prazo de vigência do plano*. Contará o *tempo de vida de cada depósito*, não a *idade total do plano* (computada a partir do primeiro depósito). Valerá a *idade média do* *plano*, ponderada pelos valores dos seus depósitos. É importante ressaltar também que a opção de regime tributário para seu plano de previdência será tomada como uma escolha definitiva, ou seja, o participante não poderá revertê-la caso venha a se arrepender de uma escolha mal ponderada à época da contratação do plano.

TABELAS DO IMPOSTO DE RENDA: PRAZO PLANEJADO PARA RESGATAR

Fatores

Para definir a melhor tabela para o seu caso, convém analisar conjuntamente uma série de aspectos, e o primeiro deles é o **prazo pretendido para a realização de resgates** (curto × longo prazo). O investidor que pretende fazer resgates no **curto prazo**, antes de completar quatro anos de idade média ponderada do plano, deve optar pela **TPC**. No entanto, no caso de resgates que se pretende fazer lá na frente, quatro anos ou mais (em média) depois da aplicação, ou seja, no **médio e longo prazos**, compensa optar pela **TRD**.

Na ponta do lápis

O investidor que resgatar de seu plano uma quantia superior a R$ 4.664,68 em um prazo curto, menor que dois anos, pagará 27,5% de IR pela TPC (que não tem correlação com *prazo*, apenas com *valor* recebido), porém 35% pela TRD (por causa do *prazo* inferior a dois anos). Em outro extremo (longo prazo), o mesmo investidor que fizer tal resgate após dez anos (ou mais) de aplicação (em média), continuará pagando 27,5% de IR pela TPC para somas a partir desse valor, mas pagará apenas 10% se optar pela TRD (por causa do prazo superior a dez anos).

CASO 1: CURTO PRAZO

Imaginemos um investidor que escolheu para seu projeto de previdência particular um PGBL dinâmico e passou a contribuir regularmente com R$ 1 mil por mês, começando em janeiro de 2015 e prosseguindo com depósitos mensais frequentes do mesmo valor (reajustados anualmente pelo IGP-M) até dezembro de 2017, portanto, durante três anos. Quanto esse investidor terá a receber no resgate, descontando-se o IR, se decidir resgatar sua reserva acumulada de R$ 37.289 (valor projetado para rendimento líquido e real de 0,20% ao mês) em dezembro de 2017 (ou três anos depois)?

Tabela Progressiva (TPC)	Valores
Reserva acumulada	R$ 37.289
IR a pagar pela TPC = 27,5%	-R$ 10.254,48
Dedução permitida	R$ 869,36
Total líquido a receber	R$ 27.903,88

Tabela Regressiva (TRD)	Valores
Reserva acumulada	R$ 37.289
IR a pagar pela TR = 35%	-R$ 13.051,15
Dedução permitida pela TR	não há
Total líquido a receber	R$ 24.237,50

Mas 35% na TRD?

Por que a alíquota de 35% (até dois anos), e não 30% (de dois a quatro anos), de acordo com Tabela Regressiva Definitiva? Apesar de a *idade total do plano* ser de três anos, já que seu primeiro depósito foi realizado há três anos, o que em princípio o enquadraria na segunda faixa (alíquota de 30%), a *idade média ponderada do plano* é de apenas 1,5 ano (com respectivo enquadramento na alíquota maior, de 35%). Como os depósitos terão sido feitos em valor idêntico e de forma regular ao longo dos três anos de vigência do plano, é possível calcular que a idade média da reserva composta é de 1,5 ano. É preciso compreender que a primeira contribuição de R$ 1 mil, essa sim, tem três anos de idade. Porém, o último depósito de R$ 1 mil acaba de "nascer", e desse modo raciocinamos para todos os outros depósitos, chegando à média de 1,5 ano, ou seja, 35% de IR.

Curto prazo => TPC!

Neste caso, fica claro que a escolha da TPC (R$ 27,9 mil) teria sido mais vantajosa que a TRD (R$ 24,2 mil), por gerar uma economia tributária de 15%, justamente por causa do prazo *curto* de resgate. Obs.: como a taxa de rentabilidade utilizada foi a *rentabilidade líquida real*, os valores em questão são valores de hoje, mas naturalmente se apresentarão monetariamente corrigidos para o momento futuro do resgate.

CASO 2: LONGO PRAZO

Agora pense em um previdente que deu sua largada nas mesmas circunstâncias do anterior, em janeiro de 2015, contribuindo com R$ 1 mil para seu plano de previdência privada do tipo **PGBL** dinâmico (rentabilidade líquida real mensal de 0,20%), e realizou seus depósitos mensais de forma regular de idêntico valor (reajustado anualmente pelo IGP-M) até dezembro de 2024, portanto, por dez anos ininterruptos. Quanto esse investidor terá a receber no resgate, descontando o IR, se resgatar sua reserva em janeiro de 2024 (dez anos depois)?

Tabela Progressiva (TPC)	Valores
Reserva acumulada	R$ 135.472,25
IR a pagar pela TPC = 27,5%	-R$ 37.254,87
Dedução permitida	R$ 869,36
Total líquido a receber	R$ 98.217,38

Tabela Regressiva (TRD)	Valores
Reserva acumulada	R$ 135.472,25
IR a pagar pela TR = 25%	-R$ 33.868,06
Dedução permitida pela TR	não há
Total líquido a receber	R$ 101.604,19

Mas 25% na TRD?

Aqui, temos novamente a mesma questão, apesar de a *idade total do plano* ser de dez anos, já que seu primeiro depósito foi feito dez anos atrás, a *idade média ponderada do plano* é de apenas cinco anos. Faz-se importante entender que a primeira contribuição de R$ 1 mil, essa sim, tem dez anos de vida. Porém, o último aporte de R$ 1 mil apenas acaba de ser feito, e assim devemos seguir raciocinando e calculando para as demais contribuições. Como os depósitos terão sido feitos em valor idêntico e de forma regular ao longo dos dez anos, nos é possível concluir que a idade média da reserva é de cinco anos, e, portanto, o enquadramento de alíquota pela TRD deverá ser de 25%, e não apenas de 10% de IR, como se poderia imaginar num primeiro momento. Mas isso já confere uma vantagem tributária perceptível à aplicação da TRD, que só acentuará daí em diante.

Longo prazo => TRD!

Nesta hipótese está claro que a escolha da TRD (R$ 101,6 mil) teria sido vantajosa em comparação à TPC (R$ 98,2 mil), ao produzir uma economia tributária de 3,5%. A vantagem aqui é discreta mas concreta, e acontece exatamente por causa do prazo *longo* de resgate.

TABELAS DO IMPOSTO DE RENDA: FREQUÊNCIA E VALOR DOS RESGATES

Fatores

Outra análise importante para definir a melhor tabela de IR para o seu plano, é verificar a frequência e o valor dos resgates. Você pretende realizar resgates pontuais de valor alto, ou resgates frequentes de menor valor? Se tem a intenção de fazer um único resgate total, ou poucos resgates parciais que venham a zerar a reserva acumulada em seu plano, cada resgate será naturalmente mais raro e de valor mais elevado (comparando-se à opção de receber a pensão mensal, uma renda frequente e de valor bem mais baixo). Nesse caso, provavelmente será conveniente fazer a opção pela TRD, desde que o horizonte de resgate (variável que deve ser considerada em combinação com o valor) seja de longo prazo. Por outro lado, se o participante do plano pretende fazer resgates frequentes de valor menor, optando por receber de seu plano uma renda mensal por período determinando (ou mesmo vitalícia), então, dê preferência à TPC.

Na ponta do lápis

O investidor que, por exemplo, resgatar de seu PGBL o expressivo valor de R$ 100 mil (provavelmente haverá apenas um ou poucos resgates para se fazer nesse valor mais alto) pagará pela TPC a alíquota de IR de 27,5%, menos a dedução padrão de R$ 869,36, o que dará R$ 26,6 mil de Imposto de Renda devido. Se, no entanto, resgatar esses mesmos R$ 100 mil em sessenta parcelas mensais de R$ 1.670, não pagará IR algum, porque esse valor será enquadrado na faixa de isenção total de IR, que hoje vai até R$ 1.903,98 (tabela de 2017). Naturalmente, esta renda estará sujeita ao ajuste anual e poderá sofrer tributação caso seja somada a outras rendas (de outras fontes) que elevem a renda total tributável para além desta faixa de isenção, adentrando as faixas de alíquotas que vão até 27,5% de IR.

VALOR BAIXO DA RENDA => TPC × VALOR ALTO => TRD

Apuramos que, neste caso, a TPC não terá sido financeiramente conveniente para o resgate único elevado, mas terá favorecido o resgate frequente de menor valor. Se usássemos a TRD, não haveria essa diferenciação, porque a mesma alíquota incidiria sempre sobre o valor resgatado, fosse ele qual fosse, importando apenas o *prazo*. Então, combinando essa análise com a primeira regra (TPC para o curto prazo × TRD para o longo prazo): prefira a TPC para resgates frequentes de valores bem pequenos (optando pelas faixas de isenção de IR — para recebimentos até R$ 1.903,98 — ou pela faixa de 7,5% de IR — para recebimentos entre o limite anterior até R$ 2.826,55). Se forem valores mais expressivos (acima de R$ 2.826,56, com alíquota de 15% pela TPC na terceira faixa), prefira a TRD *se* a reserva de seu plano se enquadrar no prazo médio de dez anos ou mais, com alíquota de apenas 10%.

Em tempo, é lógico que essa decisão também dependerá de outro fator: se na condição de aposentado você, porventura, terá outras rendas tributáveis para serem somadas à pensão do seu plano. Isso porque a TPC, como o nome diz, é *compensável* — pode não haver retenção no momento do recebimento por causa do baixo valor recebido (isento pela tabela no nosso exemplo), mas então haverá a devida compensação na Declaração de Ajuste Anual do IR de cada ano fiscal, o que resultará em imposto a pagar (que não existiu no momento de recebimento da renda). Isso acontece porque tal renda terá se somado a outras tributáveis, "engrossando o caldo" para o Leão do IR. (Note que não fazem parte do desempate dessa discussão eventuais *rendas tributadas exclusivamente na fonte*, como a rentabilidade de FIFs, de CDBs, de títulos públicos ou *rendas isentas*, como o rendimento da Caderneta de Poupança.)

TABELAS DO IMPOSTO DE RENDA: VOLUME DE DEDUÇÕES E ACRÉSCIMOS NA TPC

Deduções?

Se você que aplica em um plano de previdência acredita que, já estando na condição futura de aposentado, recebendo sua pensão mensal vitalícia, terá muitas despesas que poderão ser lançadas como *deduções expressivas* na Declaração Anual de Ajuste do IR (muitos gastos dedutíveis com saúde, educação etc.), e que, portanto, irá naqueles anos declarar seu IR pelo *formulário completo*, deve optar pela TPC, que permite o abatimento de tais deduções. O IR da TRD, por sua vez, é *retido na fonte* e *definitivo*, não podendo ser abatido por deduções.

TPC crescente?

Por fim, se você, indivíduo previdente, investidor comprometido em um plano de previdência privada, acredita que nos próximos anos a TPC do IR poderá ser alterada para incluir novas faixas de renda com alíquotas maiores, de 35%, 45% ou ainda mais (como há em diversos países estrangeiros desenvolvidos, e já houve inclusive no Brasil), vale a pena optar pela TRD, que não poderá ser alterada para os planos já contratados nessa opção. Mesmo que essa tabela venha a ser eventualmente alterada, valerá sempre a TRD fechada no momento da contratação do plano, sem revisão retroativa. Na TRD, a regra do jogo é bloqueada, enquanto na TPC, pensando no longo prazo, ninguém pode negar que ela está "em aberto".

Em poucas palavras

Depois de todas essas explicações cheias de números e hipóteses (mas, em respeito ao seu entendimento refinado, eu não poderia deixar de fazê-las), resumo agora a questão em uma única rápida recomendação: para a maior parte dos previdentes que têm um ou mais planos de previdência *focados no longo prazo*, voltados para o *recebimento mensal de uma pensão*, temporária ou vitalícia (caso padrão dos projetos de previdência privada), **a tabela de IR mais recomendada será a TRD | Tabela Regressiva Definitiva**:

Prazo de aplicação (médio)	Alíquota %
Até 2 anos ou menos	35%
De 2 a 4 anos	30%
De 4 a 6 anos	25%
De 6 a 8 anos	20%
De 8 a 10 anos	15%
10 anos ou mais	10%

DECLARAÇÃO DE AJUSTE ANUAL DO IR: COMO SE DEVE LANÇAR PGBL E VGBL

DIRPF

Saldos acumulados, aportes e resgates de planos de previdência privada devem (ou não) ser declarados em sua Declaração de Ajuste Anual do Imposto de Renda de formas bastante particulares, que variam de acordo com o seu plano, se do tipo VGBL ou PGBL. Em ambos os casos, os detalhes específicos constarão no *Informe de Rendimentos* enviado ao contribuinte pela instituição financeira na qual tem seu(s) plano(s) (seguradora ou fundo de pensão), e devem ser informados na declaração exatamente como aparecem nesse documento. A seguir, algumas indicações e explicações das regras vigentes para a declaração.

VGBL

As contribuições feitas para esse tipo de plano devem ser declaradas na ficha/tabela *Bens e Direitos* sob o código referente a VGBL. O valor do rendimento obtido ao longo do ano *não* deve ser declarado, basta colocar o valor da soma das contribuições feitas nos 12 meses, mais o que houver de saldo do ano anterior.

Na ponta do lápis

Imagine um contribuinte que aplicou R$ 10 mil no decorrer de 2017 e que, em 2018, investiu outros R$ 10 mil. Nesse período o plano rendeu, digamos, outros R$ 3 mil (15%). Se o aplicador não tiver efetuado nenhum saque, ele terá, ao final de 2018, R$ 23 mil. Na ficha/tabela de *Bens e Direitos*, esse contribuinte deve registrar R$ 10 mil ao final de 2017 e R$ 20 mil ao final de 2018. Os R$ 3 mil de rendimentos não devem ser declarados em lugar algum, pois ainda não terão sido resgatados, e, portanto, não são considerados *renda* do ponto de vista do IR. Vamos imaginar, contudo, que esse mesmo contribuinte teve a necessidade resgatar em 2017 uma parte do dinheiro que acumulou, por exemplo, R$ 11,5 mil. Nesse caso, na DIRPF de 2018, ele terá de dar baixa na ficha *Bens e Direitos* do valor de R$ 10 mil, pois é a parte que havia aplicado dos R$ 11,5 resgatados. O ganho de R$ 1,5 mil deve ser declarado na ficha/tabela de *Rendimentos Tributáveis Recebidos de Pessoa Jurídica*, no caso de plano tributado pela TPC, ou na ficha/tabela de *Rendimentos Sujeitos à Tributação Exclusiva*, para um plano com TRD. O imposto devido será calculado com a aplicação da alíquota indicada, conforme tenha sido escolhida a TPC ou a TRD, sobre os 15% ou R$ 1,5 mil equivalentes ao rendimento.

PGBL

As contribuições a um PGBL ou plano fechado devem ser informadas na ficha/tabela *Pagamentos Efetuados*, de acordo com o código do PGBL. A dedução somente poderá ser feita no modelo completo de declaração (o próprio programa da Receita calcula o limite de dedução de 12% sobre os rendimentos tributáveis). Se não houve contribuições ou resgates, o saldo do PGBL em si *não* deve ser informado em nenhuma outra ficha da declaração (inclusive *não* na ficha/tabela de *Bens e Direitos*): do ponto de vista da Receita Federal, o simples saldo de um PGBL ainda não é "nada", não é considerado *renda*, mas apenas uma "expectativa de renda", e só se transformará em rendimento efetivo quando houver retirada ou recebimento de benefícios.

Na ponta do lápis

Valores resgatados ou benefícios recebidos pelo contribuinte devem ser informados integralmente na ficha/tabela *Rendimentos Tributáveis Recebidos de Pessoas Jurídicas* (no caso da TPC) ou na ficha/tabela *Rendimentos Sujeitos à Tributação Exclusiva* (TRD). A tributação do IR incide sobre o valor total do resgate, englobando o valor nominal da aplicação, mais o rendimento conseguido nela. No caso acima, por exemplo, se fosse um PGBL, a integralidade dos R$ 11,5 mil resgatados seriam tributados. Ao contrário do VGBL, pois como a contribuição não deve ter sido declarada na ficha/tabela de *Bens e Direitos*, não é preciso efetuar nenhum tipo de ajuste aí a se fazer o resgate.

TAXAS E IMPOSTOS SOBRE SEU PLANO: ATENTE-SE AO QUE DE FATO INTERESSA

Resumindo

Quanto *maior* forem os **ganhos de patrimônio** conseguidos para o fundo por seu gestor (conforme sua *competência gestora*, partindo da *modalidade de risco* selecionada por você para seu plano), quanto *menor* for a **taxa de carregamento** (conforme o regulamento do fundo), quanto *menor* for a **taxa de administração** (conforme o regulamento do fundo), quanto *menor* for a **tributação de IR** (conforme a tabela escolhida por você na contratação do plano) — contando com a ajuda do **diferimento fiscal** ao longo do tempo (válido para qualquer plano de previdência privada) —, *maior* será a **reserva acumulada** em seu plano e *maior* será o **resgaste possível**, ou então o **benefício mensal** a receber, seja por prazo determinado ou de forma vitalícia. Fique de olho nessas variáveis, faça uma contratação responsável, e, então, você estará maximizando sua prosperidade financeira na aposentadoria e obtendo melhores retornos para o esforço poupador & investidor duramente empenhado em seu plano.

Capítulo 16

UMA ESCOLHA CONSCIENTE: PERFIL DE RISCO, PORTABILIDADE E PLANEJAMENTO SUCESSÓRIO

Risco

As contribuições feitas a um plano de previdência privada são aplicadas em cotas de Fundos de Investimento Constituídos (FICs) para fazer o dinheiro render. Tanto no caso dos planos fechados, como dos PGBLs quanto nos VGBLs, o participante poderá escolher o *perfil de risco* do fundo de investimento no qual a seguradora, o banco ou entidade fechada, irá aplicar seus aportes ao longo do tempo, contando com as seguintes opções (ou ligeiras derivações delas):

- **Fundos de renda fixa.** O dinheiro só pode ser aplicado pelo gestor do fundo nos papéis mais seguros do mercado financeiro, como os títulos públicos (LFTs, LTNs e NTNBs) e os títulos privados de grandes empresas (CDBs de grandes bancos e debêntures de grandes empresas comerciais, por exemplo). Aqui, pode-se esperar uma rentabilidade líquida real compatível com as *aplicações tradicionais* conservadoras que mencionamos na Seção 2 deste livro.
- **Composto.** Permite também que o gestor faça aplicações do patrimônio do fundo em ativos de renda variável, como, por

exemplo, ações ou fundos de ações, desde que não ultrapassem 70% do patrimônio do fundo. Aqui, o perfil de risco pode ser *moderado* (até 15% em renda variável), *dinâmico* (até 40% em RV) ou *superdinâmico* (até 70% em RV), e é o mais indicado para o investidor que dispõe de um horizonte de contribuição de longo prazo (acima de cinco anos). Nesse caso, pode-se esperar uma rentabilidade líquida real compatível com as *aplicações dinâmicas* ou *superdinâmicas* que apresentamos na Seção 2 deste livro.

- **Fundos com modelo de ciclo de vida.** Mais raros, porém bastante interessantes, aqui a aplicação dos recursos se ajusta com o passar do tempo, entre renda fixa e renda variável, conforme se aproxima o momento do recebimento da renda. No modelo de ciclo de vida, a aplicação vai sendo direcionada ao longo do tempo a fundos de renda fixa com o intuito de prevenir o impacto das possíveis oscilações do mercado financeiro sobre a renda variável próximo à data de recebimento do benefício ou saída do plano. O participante vai, progressivamente, sendo levado pelo gestor da maior *rentabilidade* dos ativos de renda variável à maior *segurança* dos papéis de renda fixa.

Qual é o melhor?

Aqui, a recomendação é bastante direta, quase óbvia: fundos de renda fixa tendem a apresentar rentabilidade baixa, por causa da taxa de carregamento (sobre aportes) e da taxa de administração (sobre o patrimônio), portanto, não são indicados para quem deseja efetivamente multiplicar de forma expressiva os recursos aportados em um plano de previdência privada. Para seu projeto de longo prazo de aposentadoria, **prefira os dinâmicos e superdinâmicos** (ou os de ciclo de vida), pois ao longo do tempo é muito provável que eles venham a produzir maior rentabilidade líquida real e a resultar numa maior reserva acumulada, o que maximizará seu(s) resgate(s) e elevará seu benefício (se optar pela pensão mensal).

Calma

Não enxergue essa minha recomendação como um excesso de destemor. Não se assuste com o fato de planos de previdência dinâmicos ou superdinâmicos lidarem com renda variável: na mais arrojada das hipóteses, ela é limitada a 70% do patrimônio do fundo — e acredite quando afirmo que gestores de fundos de previdência têm elevado senso de responsabilidade. Mesmo ao negociar ativos de renda variável, esses profissionais tendem a fazê-lo a partir de uma abordagem essencialmente conservadora, porque têm plena ciência do grande compromisso atuarial dos planos. A sua atuação é muito distinta daquela dos gestores de fundos multimercados "apimentados", que manipulam a renda variável de forma bastante agressiva para buscar proporcionar ganhos "exuberantes" a aplicadores que não têm receio de correr elevados riscos em suas táticas investidoras.

PORTABILIDADE DO PLANO: VEJA SE, E QUANDO, DEVE USÁ-LA

Troca no aberto

Durante a fase de *acumulação* (o que vou dizer nunca será possível realizar depois de iniciada a fase do *benefício*), se por algum motivo você não estiver satisfeito com seu plano aberto, seja pela rentabilidade baixa, por mau atendimento ou até mesmo por eventuais dúvidas relativas à segurança, você poderá mudar de instituição administradora, ao que se chama de *portabilidade externa*, ou seja, levar a reserva já acumulada *para fora* da atual entidade que a gere. Escolhida a nova instituição e o novo plano de destino (com base nos diversos critérios que você já conhece), a coisa toda é muito rápida: a partir do momento em que você solicita a transferência dos seus recursos (reserva acumulada em seu plano atual), a antiga instituição terá até cinco dias úteis para migrar o dinheiro para a nova, nas condições do novo plano escolhido.

Carência

Para não estimular um comportamento do tipo passa ou repassa, que seria prejudicial tanto para o previdente quanto para as instituições do setor de previdência privada, a regra estipulada pela Susep para os planos abertos é de *carência* de sessenta dias entre uma portabilidade e outra. No caso da *portabilidade interna*, ou seja, para um outro plano da mesma instituição, o procedimento também é simples, e a carência, determinada pelo regulamento de cada plano (consulte seu corretor de previdência ou administradores do plano).

Custos e restrições

Para realizar a portabilidade de seu plano, você não pagará nenhuma taxa, tampouco será recolhido Imposto de Renda. Não poderá ser cobrada de você, por exemplo, taxa de carregamento no novo plano (embora possam lhe cobrar no antigo, caso você tenha optado pela taxa de carregamento "postecipada", progressivamente decrescente com o passar do tempo, o que me parece bastante é justo). Há, porém, duas restrições importantes (e também muito claramente justificáveis):

- **Transferir de um PGBL para um VGBL, ou vice-versa.** Não, neste caso você não poderá redirecionar sua reserva, pelo menos não diretamente, pela simples portabilidade entre instituições. Se quiser mesmo fazê-lo por uma questão estratégica de replanejamento pessoal, será necessário *resgatar* os recursos do plano atual, acertando as contas com o IR (conforme a modalidade do plano e o regime tributário escolhido, fazendo-o pelas alíquotas vigentes à época do resgate, no caso da Tabela Progressiva Compensável), e então realizar um aporte único no novo plano escolhido. Com isso, claro, perde-se a grande vantagem financeira do *diferimento fiscal*, que já analisamos aqui.

- **Transferir de um regime tributário para outro, ou seja, da TPC para a TRD, ou vice-versa.** Se você contratou a TRD (Tabela Regressiva Definitiva), fique tranquilo: o histórico do tempo médio de permanência das aplicações no seu plano será informado à nova instituição, e a alíquota de IR continuará a decrescer de acordo com o tempo. Por outro lado, se você estava na TPC, também não mudará absolutamente nada na tributação do seu plano com a portabilidade.

Saio?

Você até poderá levar eventuais recursos de um PGBL fechado (fundo de pensão) para um PGBL aberto (de banco/seguradora). No entanto, nesse caso existe uma severa regra restritiva complementar: o previdente só poderá optar no novo plano portado pelo recebimento de *benefícios mensais*, vitalícios ou por prazo determinado, ou seja, não poderá realizar o *resgate único* dos recursos. Além dessa imposição, a diluição do recebimento não poderá ser feita em prazo inferior ao tempo de vigência do seu antigo plano fechado (tal recebimento nunca poderá ser mais *acelerado* que isso), visto que há um período mínimo estipulado de 15 anos para essa distribuição, o que é um prazo bastante elevado.

Rigor

O objetivo da Lei Complementar 109, Art. 14, § 4°, que criou esta regra, foi evitar o esvaziamento especulativo dos fundos de pensão e a consequente desestabilização de seu equilíbrio atuarial, sem nenhum ganho de captação e retenção efetiva compensatória para as entidades abertas, pois essa estratégia, se não coibida, resultaria no resgate total imediato dos recursos. A regra pode parecer dura, mas é adequada, pois o legislador prezou pelo equilíbrio e pela solidez do sistema de previdência privada no país, tanto fechado quanto aberto. Já na portabilidade de plano fechado para fechado, as regras específicas dependerão de ambos os regulamentos do planos (informe-se com cuidado antes de fazer a solicitação de troca).

Cautela

A opção pela portabilidade de planos fechados, mesmo considerando que não se cobram impostos e taxas na saída, e ainda lembrando que fica mantida a contagem do prazo para quem escolheu a TRD, apenas deve se dar após uma análise rigorosa do aventado desalinhamento do plano com seu projeto de previdência particular. Não aja apenas com a emoção da demissão nessa análise, mas sim com racionalidade e uma calculadora em mãos!

Levo quanto?

Uma última nota quanto à retirada (resgate ou portabilidade) de recursos de *planos fechados empresariais*, algo que pode ocorrer quando o colaborador se desliga (ou é desligado) da empresa que lhe deu acesso a tal plano. Quando há *contrapartida* da empresa (como é o caso em todo plano instituído), é necessário observar o que o regulamento do fundo corporativo estipula sobre o *direito de aquisição* do participante da parcela de contribuição efetuada pela empresa no plano do colaborador desligado. Esse conjunto de regras também é chamado de *vesting* (traduzido no contexto como "período de aquisição ou carência", mas advindo do termo em inglês *vest*, que significa "colete"). Normalmente, os fundos adotam aqui regras específicas de aquisição vinculada ao decorrer do tempo.

EXEMPLO

Veja estes critérios (e lembre-se de que isso pode variar muito entre entidades, então consulte a sua): se o participante retira os recursos durante os primeiros dois anos, ele pode levar tudo o que ele mesmo aportou, mas nada da parte da empresa. Entre dois e quatro anos, levará, digamos, 20% da contrapartida da empresa. Entre quatro e seis anos, poderá se apropriar de 40% do que a patrocinadora depositou. Entre seis e oito anos de contribuição, levará 60%. Entre oito e dez anos, poderá absorver 80% da parte da empresa, e a partir daí (acima de dez anos), levará 100% do que a patrocinadora investiu para ajudá-lo a formar sua reserva. Consulte os administradores de seu plano empresarial sobre essas regras antes de tomar qualquer decisão precipitada.

Fico?

Mesmo desligado da empresa, é possível permanecer ativo no plano empresarial, hipótese em que o titular do plano é chamado de *participante externo*. Como eu já disse anteriormente, planos empresariais costumam trazer condições vantajosas negociadas pela companhia com a seguradora, sobretudo para o plano corporativo, que não visa lucro, mas essencialmente benefício aos colaboradores. Alguns exemplos de vantagens possíveis são reduções expressivas nas taxas de carregamento e de administração, com benefícios complementares, como o acesso a programas estruturados de educação financeira e empreendedora, que podem ajudar muito na busca da prosperidade que tanto se almeja na fase da aposentadoria. Alguns planos permitem que o participante continue depositando o valor correspondente a sua parte, e também a parte da empresa — o chamado *autopatrocínio*. Outra opção é interromper as contribuições e deixar os valores rendendo no plano até o momento correto de usá-los para se aposentar, opção chamada de *benefício proporcional diferido*.

PLANEJAMENTO SUCESSÓRIO COM PLANOS DE PREVIDÊNCIA

Sem imposto de herança

Quando o dono de um determinado patrimônio vem a falecer, é necessário realizar um *inventário* para transmitir sua herança a seus sucessores, procedimento que pode demorar de um a dois anos para ser finalizado. Um dos custos do inventário, dentre expressivos honorários advocatícios e pesadas taxas cartoriais, é o chamado ITCMD | Imposto sobre Transmissão Causa Mortis e Doação, que é de competência estadual. No Estado de São Paulo, por exemplo, a alíquota desse imposto é de 4% sobre o valor do patrimônio (ainda não há um imposto federal, mas já foi cogitado por diferentes governos, inclusive recentemente).

Tem mesmo de pagar?

Para evitar a cobrança do ITCMD, donos de patrimônios mais expressivos têm optado por deixar parte de sua futura herança aplicada em um VGBL, por exemplo, porque planos de previdência não entram em inventário. Com o falecimento do titular durante o período de acumulação, o pagamento do saldo será feito diretamente pela seguradora aos beneficiários indicados no plano em até trinta dias, como acontece com um seguro de vida, por exemplo. Um plano de previdência pode ser usado, portanto, para se fazer o chamado *planejamento sucessório* — a tentativa de disponibilizar seu patrimônio a seus herdeiros de forma mais rápida e com custos menores, economizando principalmente nos impostos sobre herança. Se esse é porventura seu intuito, advogados tributaristas especializados em sucessão patrimonial apenas recomendam dois cuidados:

PONDERAÇÃO

Antes de mais nada, não convém direcionar uma parcela muito elevada do seu patrimônio a um VGBL com essa finalidade, pois o uso de um instrumento dessa natureza em valores muito expressivos, com o intuito de evadir a cobrança de impostos, começa a chamar a atenção das autoridades tributárias, expondo os herdeiros a questionamentos legais e à eventual aplicação de multas por sonegação. Afinal, não é usual que uma pessoa de patrimônio elevado tenha tudo (ou quase tudo) o que possui em um VGBL, mas que, de maneira geral, possua esse patrimônio diluído em planos de previdência, aplicações financeiras variadas e imóveis. A Secretaria da Fazenda do Estado de São Paulo tem manifestado o entendimento de que os planos de previdência são isentos de ITCMD, mas as autoridades fiscais de alguns Estados, como Minas Gerais e Paraná, por exemplo, vêm classificando planos de previdência como "simples" aplicações financeiras e, portanto, sujeitos à incidência do ITCMD.

LEGÍTIMA

A segunda recomendação cautelar das bancas advocatícias especializadas é que, ao destinar recursos a um VGBL com fins de planejamento sucessório, a definição dos beneficiários não entre em conflito com a chamada *legítima*, ou seja, a partilha legal do patrimônio entre os membros da família, que prevê que 50% devem ser transferidos ao cônjuge que sobreviver, e os outros 50%, partilhados entre filhos e demais herdeiros legais.

Compensa mesmo?

Há ainda outro quesito a considerar ao se optar por colocar o patrimônio em um VGBL com fins de planejamento sucessório. É necessário avaliar corretamente as condições do produto de previdência escolhido, pois se o plano tiver *taxa de carregamento*, que incide a cada aporte (ou na saída) sobre o valor total, e não somente sobre o rendimento, o investidor poderá deixar na seguradora uma parte razoável daquilo que evitou pagar ao governo, fazendo com que a estratégia não seja de grande valia. Se um contribuinte do Estado de São Paulo, sujeito a 4% de ITCMD, optar por um plano de previdência com taxa de carregamento de 2%, a economia com ITCMD será de apenas outros 2% (= 4% ITCMD – 2% taxa de carregamento), com a desvantagem de que tal taxa seria desembolsada imediatamente, enquanto o ITCMD geraria desencaixe de dinheiro apenas no futuro.

Limite

Por fim, a decisão de destinar uma grande parcela do patrimônio a um VGBL perto do fim da vida esbarra ainda na tributação do Imposto de Renda, porque no caso da opção pela Tabela Regressiva Fixa, a mordida do Leão começa em 35%, chegando aos de fato vantajosos 10% apenas para recursos aplicados por prazos médios superiores a dez anos, possibilidade que pessoas em idade mais avançada claramente não têm.

VAMOS PROSPERAR!

Então aqui está: para dar conta do desafio da montagem de seu *projeto de previdência particular*, exploramos tudo o que é necessário, organizando seu esforço preparatório em cinco grandes focos:

1. REAÇÃO
REAJA! E COMECE JÁ A MONTAR SEU PROJETO DE PREVIDÊNCIA PARTICULAR

2. PLANEJAMENTO
PLANEJE-SE PARA TER A RENDA NECESSÁRIA NA IDADE CERTA

3. POUPANÇA
ECONOMIZE E GARANTA SUA CAPACIDADE MENSAL DE POUPANÇA

4. ALOCAÇÃO
SAIBA ONDE APLICAR: DURANTE A ACUMULAÇÃO × JÁ NO USUFRUTO

5. CONTRATAÇÃO
CONTRATE UM OU MAIS PLANOS DE PREVIDÊNCIA PRIVADA

Aposentadoria próspera!

Está aí um prato que, assim como uma boa costela no bafo ou um apetitoso churrasco no fogo de chão, temos de cozinhar carinhosamente em fogo manso, por um tanto considerável de tempo, para depois degustá-lo aos pouquinhos, bem devagarzinho, curtindo cada sabor e cada aroma ao longo de uma longa, farta e apetitosa refeição, sempre na companhia das pessoas mais queridas, sem pressa, sem medo de que a comida será pouca ou irá acabar cedo demais!

A aposentadoria próspera requer a combinação de dois ingredientes. De um lado, **boa antecedência no preparo**: torço para que você tenha o máximo disso, mas, se não for esse o seu caso, seja prático e rápido, comece ainda hoje e faça seu melhor a partir daqui! De outro, **vida longa para usufruir**: minha oração ao bom Deus é para que você a tenha. Bem, é melhor contar que terá, e iniciar ainda hoje a montagem de seu projeto de previdência particular!

Quer esclarecer dúvidas?

Baixar ferramentas gratuitas?

Acessar os blogs do autor?

www.vamosprosperar.com.br

CONHEÇA TAMBÉM:

TESOURO DIRETO
A NOVA POUPANÇA

A CADERNETA DE POUPANÇA ESTÁ DEFINHANDO...
MAS O TESOURO DIRETO SURGE COMO ALTERNATIVA SEGURA E RENTÁVEL

A VELHA POUPANÇA VEM PERDENDO...
A caderneta de poupança encerrou 2015 com saque líquido de quase R$ 54 bilhões, o maior já registrado em vinte anos. O aumento do desemprego com a crise econômica e o achatamento da renda do trabalhador por causa da inflação explicam boa parte desse fiasco, mas não todo ele.

O INVESTIDOR ESTÁ CANSADO DE PERDAS!
Muitos aplicadores se ressentiram da perda apurada pela caderneta neste ano. Mas perda? Na caderneta? Sim, perda real: tomando a inflação acumulada de 10,67% (pelo IPCA) nos 12 meses de 2015 e considerando que a poupança pagou no acumulado do ano apenas 8,09%, calculamos que faltariam quase 3% para que a velha caderneta tivesse, ao menos, empatado com a inflação! Ganho mesmo que é bom...

TESOURO DIRETO: A NOVA POUPANÇA!
O Tesouro Direto registrou em dezembro de 2015 mais de 600 mil cadastrados, todos aplicadores dinâmicos, gente antenada que já descobriu que os títulos públicos são tão acessíveis quanto a poupança, mas rendem muito além e são igualmente seguros (ou até mais!), muito práticos para se aplicar e resgatar! É só uma questão de aprender o caminho...

ESTE LIVRO MOSTRA A VOCÊ O "CAMINHO DAS PEDRAS":
MAS SÓ O CAMINHO... SEM AS PEDRAS!

PROF. MARCOS SILVESTRE

ASSINE NOSSA NEWSLETTER E RECEBA INFORMAÇÕES DE TODOS OS LANÇAMENTOS

www.faroeditorial.com.br

FARO EDITORIAL

ESTA OBRA FOI IMPRESSA PELA GRASS EM JULHO DE 2017